2024

Training

mit Original-Prüfungen

Realschule Niedersachsen

Deutsch 10. Klasse

LÖSUNGEN

STARK

19. ergänzte Auflage
www.stark-verlag.de

Inhalt

Sobald die Original-Prüfungsaufgaben 2023 freigegeben sind, können die dazugehörigen Lösungen als PDF auf der Plattform MyStark heruntergeladen werden (Zugangscode vgl. Umschlaginnenseite).

Autorinnen:
Marion von der Kammer (Lösungen zu Training Grundwissen)
Indra Meißner (Lösungen zu den Original-Prüfungsaufgaben)

Vorwort

Liebe Schülerin, lieber Schüler,

dies ist das Lösungsbuch zum Band **„Original-Prüfungen und Training Abschlussprüfung Deutsch Realschule Niedersachsen“** im A4-Format (Best.-Nr. D03140). Es enthält ausführliche und kommentierte Lösungen zu allen Übungen im Trainingsteil sowie zu den Original-Prüfungsaufgaben der Jahre 2020 bis 2022. Die Lösungen zur Prüfung 2023 findest du online auf der Plattform *MyStark*.

Die Lösungen ermöglichen es dir, deine Leistung einzuschätzen. Es handelt sich um **Lösungsvorschläge**, die dir zeigen, wie man die Aufgaben richtig und umfassend beantworten kann. Das heißt, dass – außer bei den geschlossenen Aufgaben – auch andere Lösungen als die hier abgedruckten möglich sind. Die Lösungen zu den Schreibaufgaben sind manchmal recht ausführlich und geben dir Anregungen, was du alles schreiben könntest. Das heißt nicht, dass deine Antworten auch immer so lang sein müssen. Wichtig ist, dass du die Hinweise beachtest, die in der Aufgabenstellung genannt sind, und alles **vollständig** und **richtig** bearbeitest.

Außerdem gilt: Versuche stets, die Aufgabe zunächst **selbstständig** zu lösen, und sieh nicht gleich in der Lösung nach. Solltest du nicht weiterkommen, helfen dir die grau markierten **Hinweise und Tipps**, die du in der Regel im Anschluss an die Lösungen findest. Wenn du sie gelesen hast, solltest du unbedingt selbstständig weiterarbeiten. Vergleiche erst ganz am Schluss die hier angebotene Lösung mit deinen eigenen Ergebnissen und korrigiere oder ergänze diese gegebenenfalls. Lies zu allen Aufgaben, die du nicht richtig lösen konntest oder bei denen du dir unsicher warst, noch einmal die allgemeinen Erläuterungen in dem entsprechenden Kapitel im A4-Trainingsband.

Sollten nach Erscheinen dieses Bandes vom Kultusministerium noch wichtige Änderungen für die Abschlussprüfung 2024 bekannt gegeben werden, findest du **aktuelle Informationen** dazu ebenfalls bei *MyStark*.

Viel Erfolg bei der Abschlussprüfung!

Lösungen

Training Grundwissen

Lesekompetenz

Ü 1: „Ruhelos im Großraumbüro" – Den Leseprozess steuern

1. **Textsorte:** Sachtext (oder: Bericht)
   Thema: Studie zu Geräuschen/Lärm in Großraumbüros
   Absicht des Verfassers: informieren

2. **Schlüsselwörter:** Großraumbüro, Störungen, Geräusche, Lärm, Gespräche
   Kernaussage: Lärmschutzmaßnahmen erhöhen für die Angestellten die Belästigung durch Geräusche, weil sie dadurch die Gespräche zwischen Kollegen deutlicher wahrnehmen.
   Anzahl der Sinnabschnitte: 3
   Unterthemen:
   Abschnitt 1 (Z. 1–5): Vorabinformation über die wesentlichen Textinhalte
   Abschnitt 2 (Z. 6–18): Ergebnisse einer Studie zur Belästigung von Büroangestellten durch Geräusche
   Abschnitt 3 (Z. 19–28): Anordnungen von Büroräumen und deren Beliebtheit/Akzeptanz
   Allgemeine Aussagen:
   „In modernen Großraumbüros ist Lärmschutz angesagt." (Z. 1 f.)
   „70 Prozent aller befragten Büroangestellten sind ‚oft bis immer' durch Geräusche und Gespräche abgelenkt." (Z. 6–8)
   „Am wenigsten geschätzt werden trendige ‚Multi-Space-Büros' mit einer Aufteilung in Zonen [...]." (Z. 19–21)
   „Beliebt ist [...] das klassische Kombi-Büro [...]." (Z. 25 f.)
   Beispiele:
   „Dabei wird eine Unterhaltung von Kollegen störender empfunden als mechanischer Lärm." (Z. 10–12)
   „Besonders gravierend ist die Situation in modernen Großraumbüros." (Z. 12–14)
   „Stimmen treten noch deutlicher hervor." (Z. 17 f.)

3. **mechanischer Lärm:** Lärm durch Maschinen oder Geräte
   Multi-Space-Büro: ein Büro mit verschiedenen Funktionszonen
   Nomadisieren: unstetes Hin- und Herlaufen
   Kombi-Büro: Büro mit abgetrennten Räumen für verschiedene Funktionen
   Kommunikationszone: Zone, in der Kollegen Gespräche führen können

Ü 2: „O Sohle mio!" – Geschlossene Aufgaben lösen

1. a) ☒ Durch meine Schuhe hebe ich mich von der Masse meiner Mitmenschen ab.

   Hinweis: *Es heißt, der Schuh sei jahrzehntelang „Symbol von Rebellion und Ausdruck von Individualität" (Z. 23 f.) gewesen. Rebellion liegt vor, wenn man sich gegen etwas auflehnt, das allgemein üblich ist; Individualität liegt vor, wenn ein Mensch seine ganz besonderen Eigenheiten pflegt und sich dadurch von der Masse abhebt.*

   b) In erster Linie will der Verfasser …

   ☒ den Leser über ein Modephänomen informieren.

   Hinweis: *Der Text ist zwar auch unterhaltsam geschrieben, doch die Unterhaltungsfunktion ist nachrangig. Vor allem will der Verfasser den Leser informieren.*

2. **Aussagen**

Aussagen	trifft zu	trifft nicht zu
a) Früher wurden Chucks vor allem von Außenseitern getragen.	☒	☐
b) Heute werden Chucks von vielen Menschen getragen.	☒	☐
c) Chucks werden besonders von Sportlern bevorzugt, die ihre Knöchel schonen wollen.	☐	☒
d) Wer Chucks trägt, kommt leicht mit anderen ins Gespräch.	☐	☒
e) Ältere Leute, die Chucks tragen, wirken dadurch oft jünger.	☒	☐

Hinweis: ***a)*** *Z. 118–120;* ***b)*** *Z. 52–59;* ***c)*** *Zwar war das Schonen der Knöchel in den 20er-Jahren ein Gedanke, um die Chucks zu verbessern. Der Text sagt aber aus, dass man sie heute aus modischen Gründen trägt.* ***d)*** *Dass das Tragen von Chucks Einfluss auf das Verhalten des Trägers hat, wird im Text nicht gesagt.* ***e)*** *Z. 43–47.*

3. a) Marquis Converse

   Hinweis: *Z. 71 f.*

   b) 1908

   Hinweis: *Z. 71*

   c) Mit dem Sieg der amerikanischen Basketballmannschaft bei den Olympischen Spielen 1936.

   Hinweis: *Z. 82–86*

4.

Nummer	Aussage
6	a) Eine Musikband machte die Chucks von Neuem populär.
2	b) Der Basketballspieler Charles „Chuck“ Taylor setzte bei der Herstellerfirma Verbesserungsvorschläge durch.
5	c) In Filmen wurden Chucks von Außenseitern und rebellischen Helden getragen.
3	d) Die amerikanische Basketballmannschaft gewann in Chucks erstmalig olympisches Gold.
4	e) Rock'n'Roll-Sänger trugen Chucks auf der Bühne.
7	f) Chucks sind heute Schuhe für jedermann.
1	g) Marquis Converse gründete die „Converse Rubber Shoe Company“ in Massachusetts.

✎ ***Hinweis:*** ***a)*** *Z. 32 f.,* ***b)*** *Z. 75–82,* ***c)*** *Z. 118–120,* ***d)*** *Z. 83–86,* ***e)*** *Z. 89–94,* ***f)*** *Z. 27 f.,* ***g)*** *Z. 71–73*

5.

Buchstabe	Aussage
I	a) Sie trug Chucks einmal zu einem Hosenanzug.
E	b) Er trägt Chucks immer freitags.
H	c) Sie trugen Chucks in der Farbe Schwarz.
D	d) Sie haben das aktuelle Comeback der Chucks eingeleitet.
F	e) Er trug Chucks in einem Film.
A	f) Sie dekorierten ihre Chucks mit dem Peace-Zeichen.
C	g) Sie wirken durch Chucks direkt noch etwas jungenhaft.
B	h) Sie tragen Chucks aus Gründen des Understatements.

✎ ***Hinweis:*** ***a)*** *Z. 66–69,* ***b)*** *Z. 1–6,* ***c)*** *Z. 106–108,* ***d)*** *Z. 32 f.,* ***e)*** *Z. 59–61,* ***f)*** *Z. 103 f.,* ***g)*** *Z. 43–45,* ***h)*** *Z. 38–41*

Ü 3: „O Sohle mio!“ – Halboffene Aufgaben lösen

1. a) Es geht um das Image der Chucks: Ursprünglich wollten die Träger von Chucks auf diese Weise ihre Individualität unterstreichen und ein Zeichen gegen den Mainstream setzen; inzwischen sind Chucks aber zum Massen- und Modeartikel für jedermann geworden.

   ✎ ***Hinweis:*** *Z. 22–28*

b) Harry Potter ist als Kinoheld in den Augen der Zuschauer ein beliebter Star. Dass er Chucks trägt, passt nicht zum Rebellen-Image der Schuhe.

c) Chucks sind nicht mehr Ausdruck einer rebellischen Haltung, sondern ein Modeartikel, bei dem es auch auf die passende Farbe ankommt.

2. a) Zum ersten richtigen Erfolg der Chucks kam es dadurch, dass ein berühmter Basketballspieler Verbesserungsvorschläge für die Gestaltung der Schuhe machte. Als in der Folge die amerikanische Basketballmannschaft olympisches Gold erlangte, war das der Durchbruch für die Chucks. Anschließend wurden sie auch von berühmten Musikern auf der Bühne getragen, z. B. von Elvis Presley.

   b) Mit dem Tragen von Chucks brachte man früher Individualität oder eine rebellische Haltung zum Ausdruck. Die Firma Converse möchte erreichen, dass dieses ursprüngliche Image nicht ganz verloren geht. Deshalb hat die Firma eine Werbekampagne veranlasst, die dafür sorgen soll, dass der Ruf der Schuhe erhalten bleibt. Geworben wird mit Bildern von Helden, die früher als Außenseiter und Rebellen galten.

3. Einerseits stimmt es schon, dass der Schulleiter sich bei den Schülern beliebt machen will, indem er die gleichen Schuhe wie sie trägt. Andererseits versucht er auf diese Weise auch, ihnen zu zeigen, dass die Unterschiede zwischen ihm, dem Schulleiter, und ihnen, den Schülern, gar nicht so groß sind, wie sie vielleicht denken. Er bemüht sich damit also, sich den Schülern zu nähern. Und das scheint zu funktionieren, denn er sagt ja, das würde den Jugendlichen „die Hemmungen“ (Z. 12 f.) nehmen, mit ihm zu reden. Svens Meinung, der Schulleiter wolle sich mit dem Tragen von Chucks nur „einschmeicheln“, finde ich deshalb zu negativ.

4. Ich finde, dass es Dana recht gut gelungen ist, die Aussagen des Textes in einer Schemazeichnung darzustellen. Sie zeigt übersichtlich, wie es zu dem heutigen „Dilemma“ um die Chucks gekommen ist: Früher wurden sie nur von Außenseitern und Rebellen getragen. So erhielten sie das Image als Schuhe für Menschen, die ganz besonders sind, eben Individuen. Im Laufe der Zeit trugen aber immer mehr Menschen diese Sportschuhe, sodass sich heute die Frage stellt: Was sagt es aus, dass die Chucks zum „Massenkult“ geworden sind? Ist das ein Zeichen der Demokratisierung – oder ein Zeichen für den Verlust des Rebellen-Images?

Hinweis: *Du kannst auch zu einem anderen Urteil über die Grafik gelangen. Wesentlich ist, dass du deine Entscheidung gut begründest.*

Ü 4: Die Absicht des Verfassers erkennen

	Absicht des Verfassers
Text A	appellierender Text
Text B	kommentierender Text
Text C	instruierender Text
Text D	informierender Text

Hinweis: Text A *ist ein Werbetext eines Autoherstellers mit dem Ziel, die Kunden zum Kauf zu veranlassen.* **Text B** *kommentiert eine mögliche staatliche Förderung von Elektroautos, gibt also die Meinung der Verfasserin zu diesem Thema wieder. In* **Text C** *erhält der Leser Ratschläge für kraftstoffsparendes Fahren, und* **Text D** *berichtet sachlich über die Ergebnisse eines Vergleichstests zu Elektrofahrzeugen.*

Ü 5: Artikel über Susi Kentikian – Textsorten unterscheiden

Text A
Textsorte: Reportage
Merkmale: Anschauliche Darstellung, Einstieg über eine „Nahaufnahme", davon ausgehend allgemeine Informationen und Hintergrundwissen zum Thema; fast durchgängig Tempus Präsens
Textbelege: „Als Susi Kentikian das Zwei-Zimmer-Apartment betritt, macht sie einen Schritt in ihre eigene Vergangenheit." (Z. 1–3);
„Damals sterben 50 000 Menschen, mehr als eine Million werden zu Flüchtlingen." (Z. 44–48);
„Sie ist zu Besuch bei […]" (Z. 9 f.), „[…], rät die 27-Jährige […]" (Z. 18 f.) „In Deutschland darf er nicht mehr als putzen gehen." (Z. 52 f.)

Hinweis: Beleg 1: *„Nahaufnahme",* **Beleg 2:** *Hintergrundinformationen über die Situation 1992,* **Belege 3–5:** *Zeitform Präsens*

Text B
Textsorte: Interview
Merkmale: Wortwörtliche Wiedergabe eines Frage-Antwort-Gesprächs zwischen Journalist und prominenter Person; Äußerungen der interviewten Person wirken spontan und echt; Umgangssprache
Textbelege: „Wenn ich solche Leute sehe, kriege ich gleich einen Abtörner." (Z. 3), „Oder einen Cheeseburger bei McDonald's." (Z. 21)

Hinweis: *Dialog in Umgangssprache*

Text C
Textsorte: Bericht
Merkmale: Information über aktuelles Ereignis; sachliche Darstellung, nennt Fakten, Beantwortung der W-Fragen; Aufbau: vom Wichtigen zum weniger Wichtigen; Darstellung im Präteritum
Textbelege: „Boxweltmeisterin Susi Kentikian hat einen weiteren WM-Gürtel gewonnen.“ (Z. 1 f.);
„Die 28 Jahre alte Hamburgerin bezwang in ihrer Heimatstadt die mexikanische Herausforderin Susana Cruz Perez einstimmig nach Punkten […].“ (Z. 2–6);
„Zu den Zuschauern in der Halle gehörte die frühere Boxweltmeisterin Regina Halmich.“ (Z. 29–31)

***Hinweis:** Erst wird gesagt, was passiert ist, wer daran beteiligt war und wo es geschehen ist (**Textbelege 1 und 2**); erst danach wird auf Einzelheiten und später auf weiterführende Informationen eingegangen (**Textbeleg 3**).*

Text D
Textsorte: Kommentar/Rezension
Merkmale: Meinungsäußerung des Verfassers zu einem Ereignis/Sachverhalt, hier: zur Veröffentlichung der Autobiografie von Susi Kentikian; zunächst Bezugnahme auf Ereignis, dann Begründung/Argumente, persönliches Urteil; überwiegend im Präsens
Textbelege: „[…] beim Lesen des Titels der Autobiografie […] von ‚Killer Queen‘ Susi Kentikian […]“ (Z. 2–5);
„mit klischeebeladenen Trainerzitaten“ (Z. 7 f.), „Dennoch lohnt es sich diesem Werk etwas Aufmerksamkeit zu schenken.“ (Z. 12–14)

***Hinweis:** Bezugnahme auf das erschienene Buch (**Beleg 1**), begründete Beurteilung (**Belege 2 und 3**)*

Ü 6: „Shell Jugendstudie“ – Nichtlineare Texte lesen: Tabellen

1. a) Von Interesse war die Frage, wie Jugendliche ihre Freizeit verbringen.
   b) in Prozent
   c) aus einer Umfrage für die Shell-Jugendstudie
   d) Jugendliche im Alter zwischen 12 und 25 Jahren
   e) 2015
   f) das Meinungsforschungsinstitut TNS Infratest

2. **Aussagen**

	trifft zu	trifft nicht zu
a) Jugendliche lesen in ihrer Freizeit keine Bücher mehr.	☐	☒
b) Je älter die Befragten sind, desto häufiger engagieren sie sich in einem Projekt oder Verein.	☒	☐
c) Jungen interessieren sich mehr für Computerspiele als Mädchen.	☒	☐
d) Mit zunehmendem Alter nimmt das Interesse an Sport ab.	☐	☒
e) Jungen und Mädchen verbringen ihre Freizeit gleich gerne mit der Familie.	☐	☒
f) In Kneipen zu gehen kommt für die Jüngsten überhaupt nicht infrage.	☒	☐

✎ ***Hinweis:*** *Nur dann, wenn in einer Zeile* ***alle*** *Zahlen eine Aussage bestätigen, darfst du sie als richtig ankreuzen. Es genügt eine einzige unpassende Zahl, um einen Satz als falsch zu beurteilen.*

3. ☒ Computerspiele spielen

✎ ***Hinweis:*** *Um die Aufgabe zu lösen, siehst du dir bei den genannten Freizeitbeschäftigungen die Anzahl der Nennungen bei Jungen und Mädchen an und berechnest die Differenz. Die größte ist hier gesucht.*

4.

Buchstabe	In dieser Altersgruppe …
A	ist das Surfen im Netz genauso beliebt wie Treffen mit Freunden.
B	wird am meisten aktiv Sport getrieben, z. B. in einem Verein.
C, D	ist die häufigste Freizeitbeschäftigung, sich mit Freunden zu treffen.
C	ziehen die Jugendlichen Videos und DVDs Computerspielen vor.
A	gehen nur wenige Jugendliche in Discos und auf Partys.
D	werden am meisten Zeitschriften oder Magazine gelesen.

✎ ***Hinweis:*** *Bei* ***Satz 2*** *darfst du die Angaben von „Training/Aktiv Sport treiben" und „Sport in der Freizeit" nicht verwechseln. Bei* ***Satz 3*** *darfst du die Spalten nicht miteinander vergleichen, sondern du musst für jede Spalte jeweils den höchsten Wert ermitteln.*

Ü 7: „Shell Jugendstudie" – Nichtlineare Texte lesen: Diagramme

1.

Symbol	Personengruppe
+	Aussiedlerfamilien aus Russland
+	homosexuelle Paare
+	türkische Familien
+	alte Rentnerehepaare
+	deutsche Familien mit vielen Kindern
–	Familien aus Afrika

Hinweis: *Achtung: In der Umfrage wurde nicht untersucht, was die Jugendlichen gut finden, sondern, was sie ablehnen („Jugendliche, die es* **nicht** *gut fänden […]"). Vergleiche die Länge der roten und rosa Balken: Überall dort, wo der rote Balken kürzer ist als der rosafarbene, hat die Toleranz gegenüber diesem Personenkreis zugenommen; wo der rosa Balken länger ist, ist die Ablehnung gestiegen.*

2. Der Anteil derer, die …

[X] Zuwanderung mit mehr Ablehnung begegnen, ist seit dem Jahr 2015 um mehr als 15 Prozent gestiegen.

Hinweis: *Vergleiche die Länge der Säulen. Bei der ersten ist eine deutliche Zunahme erkennbar, d. h., dass der Anteil der Jugendlichen, die weniger Zuwanderer aufnehmen möchten, seit 2015 gestiegen ist.*

3.

Aussagen	trifft zu	trifft nicht zu
Sowohl im Westen als auch im Osten Deutschlands hat die Zustimmung zur Demokratie zugenommen.	X	
Die Zufriedenheit mit der Demokratie ist im Westen stärker gestiegen als im Osten.		X
Der Anteil der Jugendlichen, die mit der Demokratie unzufrieden sind, ist im Osten stärker gesunken als im Westen.	X	
Der Anteil derer, die mit der Demokratie zufrieden sind, ist im Westen um elf Prozent gestiegen.	X	
Im Osten ist die Zustimmung zur Demokratie um fast 20 Prozent gestiegen.	X	
Der Anteil derer, die zu diesem Thema keine Angaben gemacht haben, ist im Westen etwas größer als im Osten.		X

Hinweis: *Um die letzte Aussage beurteilen zu können, musst du von der Gesamtsumme der jeweiligen Befragten (im Osten und im Westen jeweils 100 %) alle diejenigen abziehen, die Angaben gemacht haben – also sowohl die, die zugestimmt haben, als auch die, die Ablehnung geäußert haben.*

4. Das Interesse der Jugendlichen an Politik ist bis zum Jahr 2015 kontinuierlich gestiegen. In diesem Jahr interessierten sich 47 Prozent der Jugendlichen dafür. Im Jahr 2002 waren es nur 34 Prozent. Besonders deutlich gestiegen ist das Interesse für Politik zwischen 2010 und 2015. Der Anstieg betrug hier sieben Prozent. Dagegen kam es zwischen 2006 und 2010 praktisch zu einem Stillstand, denn in dieser Zeit stieg der Anteil derer, die sich für Politik interessieren, nur um ein Prozent an. Zwischen 2015 und 2019 zeigt sich ein leichter Rückgang des politischen Interesses um zwei Prozent.

   Hinweis: *Äußere dich sowohl zu deutlichen Veränderungen (2010–2015) als auch zu fehlenden Veränderungen (2006–2010).*

Ü 8: Heinrich von Kleist „Anekdote“ – Epische Texte untersuchen

1. **Wer?** zwei berühmte Boxer, Zuschauer
   Wo? in London
   Was? Austragung eines öffentlichen Boxkampfes, durch den herausgefunden werden soll, wer von den beiden Boxern der bessere ist
   Wann? beim erstmaligen Zusammentreffen der beiden Boxer
   Welche Folgen? Tod beider Boxer; demjenigen, der den Boxkampf um einen Tag überlebt hat, wird die Siegerehre zuteil

2. Die Boxer treffen in London erstmals zusammen.
   Sie wollen herausfinden, wem der Siegerruhm gebührt.
   Sie vereinbaren einen öffentlichen Zweikampf.
   Sie schlagen beide kräftig zu.
   Der erste Boxer erleidet einen Blutsturz, nachdem der andere ihn geschlagen hat.
   Er schlägt zurück.
   Der andere Boxer geht zu Boden.
   Kurz darauf stirbt dieser.
   Dem ersten Boxer wird der Siegerruhm zuerkannt.
   Am Tag darauf stirbt auch er.

Ü 9: Arten von Prosatexten unterscheiden

Merkmal	Textsorte(n)
Der Protagonist macht eine Entwicklung durch.	G
Die Handlung strebt auf einen Höhepunkt (auch: Wendepunkt) zu.	A, D, E, H
Eine Person wird hereingelegt.	H
Die Hauptfiguren sind ganz normale Alltagsmenschen.	C, D, H
Die erzählte Handlung erstreckt sich über einen längeren Zeitraum.	G
Im Zentrum steht oft eine ungewöhnliche Begebenheit aus dem Leben einer Person.	A, E
Die Geschichte ist stark vereinfacht.	F
Es handelt sich um einen Prosatext von geringem Umfang.	A, C, D, H
Die Hauptfiguren sind oft Tiere, die sprechen können.	B
Im Mittelpunkt steht ein ganz besonderes Ereignis.	E
Die Einleitung fehlt, und das Ende ist offen.	D
Es gibt eine Einleitung und ein richtiges Ende; die Handlungsschritte werden chronologisch dargestellt.	E
Es wird eine Lehre erteilt.	B, F, H

Ü 10: Die Erzählperspektive bestimmen

Erzählperspektive	Text A	Text B	Text C
Ich-Erzähler	☐	☒	☐
Er-Erzähler			
personaler Erzähler	☐	☐	☒
auktorialer Erzähler	☒	☐	☐

Hinweis: *In **Text A** wird das Geschehen von einem unbeteiligten Beobachter dargestellt, in **Text B** wird aus der Ich-Perspektive erzählt und in **Text C** handelt es sich um einen Er-Erzähler, der die Perspektive des Protagonisten einnimmt (z. B. „Lieber tot sein, als sich […] blamieren", Z. 8 f.).*

Ü 11: Reinhold Ziegler „Marathon" – Einen epischen Text untersuchen

1. ☒ Er hat geglaubt, die Erwartungen seines Vaters erfüllen zu müssen.

   ✎ ***Hinweis:*** *Das entscheidende Problem war für ihn, dass er gemeint hat, die Erwartungen seines Vaters erfüllen zu müssen. Andernfalls hätte er sich auch zur Wehr setzen können, z. B. hätte er sagen können, dass er nicht laufen will.*

2. **Eigenschaften**

	trifft zu	trifft nicht zu
a) Ungeduld	☒	☐
b) Egoismus	☒	☐
c) Gleichgültigkeit	☐	☒
d) Ehrgeiz	☒	☐
e) Einfühlsamkeit	☐	☒

   ✎ ***Hinweis: a)*** *Der Ich-Erzähler sagt gleich zu Anfang, dass sein Vater es kaum abwarten konnte, ihn zum Laufen zu bringen (vgl. Z. 5–17).* ***b)*** *Da er seinen Sohn gar nicht nach dessen Bedürfnissen und Wünschen fragt, handelt er ausschließlich aus eigenen Interessen heraus, also ist er egoistisch.* ***c)*** *Gleichgültigkeit kann man ihm nicht nachsagen, denn er ist sehr ehrgeizig mit seinem Sohn.* ***d)*** *Sein Sohn sollte ein erfolgreicher Läufer werden; dieses Ziel hat der Vater mit Ehrgeiz verfolgt.* ***e)*** *Als einfühlsam kann man ihn auch nicht bezeichnen, denn er erkundigt sich nicht nach den Gefühlen und Bedürfnissen seines Sohnes.*

3.

Nummer	Der Ich-Erzähler …
5	wird als Olympia-Hoffnung gefeiert.
8	steigt auf Marathon um.
10	will mit dem Laufen aufhören.
2	nimmt zum ersten Mal an einem Fünftausendmeterlauf teil.
7	verpasst die Qualifikation für Olympia.
9	läuft mit seinem Vater Marathon.
3	schafft es nicht, seinen ersten Fünftausendmeterlauf zu gewinnen.
6	fängt an, Sport zu studieren.
1	muss bei jeder Gelegenheit mit seinem Vater laufen.
4	gewinnt einen Fünftausendmeterlauf.

4. Marco hasste seinen Vater nicht von Anfang an. Jedenfalls glaubt er das. Hassgefühle entwickelten sich erst nach und nach, als er lernen musste zu laufen.

Dem Vater dauerte alles einfach zu lange: Zuerst krabbelte das Kind nur, dann richtete es sich auf, ließ sich von einem Bein aufs andere fallen, hangelte sich unbeholfen vorwärts. Schließlich konnte der Junge endlich gehen. Aber er lief noch nicht, jedenfalls nicht richtig, nicht gleich, nicht aus den Fußgelenken heraus federnd, nicht mit der ganzen Sohle abrollend, noch nicht locker aus den Hüften heraus, noch nicht richtig im Knie geführt. Er war ein Kind, und er ging eben wie ein Kind, das gerade laufen gelernt hat. Das machte den Vater, den großen Sportler, ungeduldig. Und diese Ungeduld ließ er seinen Sohn auch damals schon spüren.
Im Alter von fünf Jahren hatte der Vater Marco dann so weit. Von da an wurde alles im Laufschritt erledigt. Ob sie morgens Brötchen holten, zum Einkaufen in die Stadt gingen oder abends den Hund „Nurmi“ Gassi führten – stets wurde gelaufen. Gejoggt. Nur, mit heutigem Joggen hatte dieses verbissene Laufen nichts zu tun. Es fehlten die Leichtigkeit und der Spaß, die Jogger beim Laufen haben.

5. [X] Der Ich-Erzähler hat diese Worte schnell vergessen.

Hinweis: *Dass er sagt, er habe diese Worte „eingeschlossen“, heißt nicht, er habe sie „wegschließen“ wollen, um sie zu vergessen. Vielmehr hat er sie behandelt wie einen Schatz, den er nicht verlieren will.*

6. [X] Er findet keine Worte für seinen Misserfolg.

Hinweis: *Es ist die Sprachlosigkeit, die für das Gefühl der Fremdheit sorgt.*

7. Mit diesen Worten soll ihm sein Vater zeigen, dass er …

[X] seine Fehler eingesehen hat.

Hinweis: *Oft sagen Eltern, sie hätten „doch nur das Beste“ für ihre Kinder gewollt, wenn die Kinder ihnen im Nachhinein Vorwürfe wegen bestimmter erzieherischer Maßnahmen machen. Mit der Aussage bringen sie zum Ausdruck, dass sie nur an das Wohl ihrer Kinder (an ihr „Bestes“) gedacht haben und dass ihre Motive ehrenhaft waren. Die Eltern gestehen damit indirekt aber auch ein, dass ihr Erziehungsverhalten falsch war, und wollen ihre Kinder um Verständnis und Nachsicht bitten.*

8.
- **Hass** gegenüber seinem Vater, weil der ihn immer zum Laufen angetrieben hat und für ihn anscheinend nur die sportlichen Erfolge zählten
- eigener **Ehrgeiz**, als sich erste sportliche Erfolge eingestellt haben
- Gefühl des **Versagens**, nachdem er es zweimal nicht geschafft hat, sich für die Teilnahme an den Olympischen Spielen zu qualifizieren

- **Rachegefühle** gegenüber seinem Vater, weil dessen Ehrgeiz ihn einen falschen Lebensweg hat einschlagen lassen

***Hinweis:** Hass: Z. 1–4, Z. 38, Z. 95–97; Ehrgeiz: Z. 99 f.; Gefühl des Versagens: Z. 124 f.; Rachegefühle: Z. 150–153.*

9. a) Es ist sehr sicher, dass der Ich-Erzähler den Lauf gegen seinen Vater gewinnen wird, denn er ist jünger und besser trainiert. Trotzdem wird dieser ihn nicht dazu bewegen können, in Zukunft weiter zu laufen.
   b) Der Junge sieht diese Einsicht als Gewinn für sich an. Er hat endlich für sich selbst entschieden und damit sein Leben (zurück)gewonnen.

10. Mit dem Wort „Nebeneinander“ ist zunächst gemeint: Keiner läuft voran und keiner bleibt hinter dem anderen zurück. Das Schlusswort drückt zugleich aus: Vater und Sohn sind jetzt gleichrangig; keiner ist dem anderen mehr überlegen, keiner kann den anderen beherrschen.

11. Marathon ist ein Langstreckenlauf über eine Strecke von 42 Kilometern. Ein solcher Lauf verlangt von den Läufern das Äußerste. In der Erzählung geht es aber nicht nur um die sportliche Disziplin. Es geht auch darum, dass der Sohn lernt, auf sich selbst zu hören, seine eigenen Interessen durchzusetzen und sich gegenüber seinem Vater zu behaupten. Dies zu schaffen, ist für ihn auch ein langwieriger Prozess und ähnlich anstrengend wie ein Marathon-Lauf.

Ü 12: G. Eich „Septemberliches Lied vom Storch“ – Gedichte untersuchen

1. Herbstbeginn

2. Er vermittelt die Sicht …

   [X] eines nachdenklichen Beobachters.

   ***Hinweis:** Es wird nicht die Sicht eines Tieres eingenommen, sondern die Sicht eines Beobachters. Dieser ist aber nicht gleichgültig, sondern nachdenklich. Das zeigt sich z. B. darin, dass er den Tieren Gedanken oder Gefühle zuschreibt (z. B. „Er aber glaubt nicht mehr ans Jahr“, V. 5, „unbesorgt“, V. 10).*

3. Es ist schon September, dem Datum nach bereits Herbstbeginn. Noch aber erweckt das Wetter den Eindruck, als befinde man sich mitten im Sommer.

   ***Hinweis:** Durch seinen Fortflug hat der Storch angezeigt, dass der Herbst kurz bevorsteht, auch wenn das Wetter einen anderen Eindruck vermittelt.*

4. **Strophe 1:** Die Sonne scheint, es ist warm, und abends ist es noch lange hell.
   Strophe 2: Der Storch hat gespürt, dass der Herbst naht, und ist schon nach Süden geflogen.
   Strophe 3: Frösche und Mäuse fühlen sich sicher, da der Storch fort ist.
   Strophe 4: Die Mücke fühlt sich auch sicher, obwohl ihr von der Spinne nach wie vor eine Gefahr droht.

5. Gemeint ist der Storch.

6. Zwar spinnt die Spinne immer noch ihre Fäden.
   Aber die Mücke verhält sich so, als drohe ihr keine Gefahr.
   Hinweis: *Die Mücke „tanzt“ (V. 15).*

7. Der Höhepunkt des Sommers ist überschritten und der Herbst naht. Nun scheinen für die kleinen Tiere keine Gefahren mehr zu drohen, weil der Storch bereits in Richtung Süden geflogen ist. Ein großer Feind ist also verschwunden, und sie genießen fröhlich ihr Dasein. Allerdings ist die Situation trotzdem nicht ganz ungefährlich. Das betrifft z. B. die Mücke, die sich nach wie vor im Netz der Spinne verfangen kann, auch wenn ihr das nicht bewusst ist. Dennoch ist die Stimmung sorglos und unbeschwert, auch für die Mücke.

Ü 13: „Septemberliches Lied vom Storch“ – Das Reimschema bestimmen

Paarreim

Hinweis: *Reimschema: aa bb / cc bb / dd bb / ee bb*

Ü 14: „Septemberliches Lied vom Storch“ – Das Versmaß bestimmen

Vierhebiger Jambus

Hinweis: *Dĭe Sónnĕ brénnt nŏch ǘbĕrm Lúch, / vŏm Grúmmĕt wéht dĕr Grásgĕrúch [...]*

Ü 15: „Septemberliches Lied vom Storch“ – Form und Inhalt zusammenführen

Inhalt: Die Darstellung der Natur kurz vor Herbstbeginn wirkt idyllisch und schön: Die Tiere sind fröhlich und unbeschwert, dazu scheint die Sonne warm und hell.

Form: Das Gedicht hat eine harmonische, regelmäßige Form: Es besteht aus vier Strophen, die wiederum jeweils vier Verse umfassen. Weiterhin liegt ein gleichmäßiges Metrum vor, ein vierhebiger Jambus, was an den durchgehenden Taktschlag eines Liedes erinnert. Die Reime am Ende der Verse, die in einem ebenfalls regelmäßigen Reimschema (Paarreime) angeordnet sind, unterstützen diesen melodischen Eindruck. Das gilt auch für den Satz „[…] und lang noch steht die Sonn' im Tag" (V. 4, 8, 16), der wie ein Refrain wiederholt wird.

Wirkung: Inhalt und Form des Gedichts sind stimmig. Die harmonische, regelmäßige Gestaltung unterstreicht das Bild des friedlichen, idyllischen Naturschauspiels. Zur fröhlichen Stimmung passt auch der Titel, in dem von einem „Lied" die Rede ist.

Ü 16: Mathias Jeschke „Spiel zwischen Erde und Himmel" – Moderne Gedichte verstehen

1. Pfiff (V. 2, V. 9), gefoult (V. 4), Freistoß (V. 12)

   Hinweis: *Diese Wörter sind eindeutig dem Fußball zuzuordnen. Es gibt aber noch weitere Wörter, die ebenfalls als Anspielung auf ein Fußballspiel zu verstehen sind: Spiel (Überschrift), Sturz (V. 1), schrill (V. 2, V. 9), gellt (V. 2), jubeln (V. 7), schwenken, Fahnengrün (V. 8), trifft (V. 11).*

2. Der zweite Themenbereich ist **die Natur**.
   Beispiele: Vögel (V. 7), Bäume (V. 8)

   Hinweis: *Mögliche Beispiele sind auch: Lichtung (V. 6), grün (V. 8).*

3. **Erste Bedeutung:** eine Vogelart/ein Singvogel
   Zweite Bedeutung: ein vorgetäuschtes Foul in einem Fußballspiel

4. Im Augenwinkel der Sturz.
   Schrill, scharf gellt der Pfiff.
   Ich wende mich hin,
   doch niemand gefoult am Boden.
   Es war eine Schwalbe.
   Ich stehe auf der Lichtung und öffne mich.
   Die Vögel jubeln,
   die Bäume schwenken ihr Fahnengrün.

Erneut ein schriller Pfiff.

Erwartung wächst.

Da trifft es mich:

Ich stehe am Punkt für den Freistoß.

Quelle: Mathias Jeschke: Spiel zwischen Erde und Himmel, https://e-hausaufgaben.de/Thema-203879-Spiel-zwischen-erde-und-himmel.php

Ü 17: Die Sprachebene bestimmen

Sprachebene	Beispielsätze
↑	Könnten Sie mir freundlicherweise Ihre E-Mail-Adresse zukommen lassen?
↓	Ich hab schon ewig keine WhatsApp mehr von meiner Freundin gekriegt. Das ist halt echt komisch.
↓	Wie is'n deine Handynummer? Kannste die mir mal geben?
→	Wer früher den Ausdruck „elektronische Medien“ benutzte, meinte damit nur Rundfunk und Fernsehen.
→	Heute denkt man vor allem an Computer und Internet, wenn jemand von elektronischen Medien spricht.
↑	PC und Internet gestalten unsere Kommunikation sehr komfortabel, denn sie ermöglichen gleichzeitig die Produktion, die Übertragung und die Rezeption von Nachrichten.
↑	Wir bieten Ihnen eine kompetente Betreuung aller in technologischer und logistischer Hinsicht anfallenden Aufgaben.
↓	Mein WLAN-Empfang ist echt unter aller Sau. Ich hoffe, das ändert sich bald mal.
→	Es soll Leute geben, die immer noch keinen Internetanschluss haben. Das kann ich nicht nachvollziehen.
↓	Was kümmern dich die anderen? Du nervst voll!
↑	Mitteilungen nach außen werden inzwischen immer öfter digital kodiert, vor allem bei Behörden und im Dienstleistungssektor.
→	Man sollte sein Passwort öfter ändern. Das ist eine Frage der Sicherheit.

Ü 18: „Spiel zwischen Erde und Himmel" – Auf die Wortwahl achten

	Nomen	Verben	Adjektive
1.	Spiel, Sturz, Lichtung, Himmel, Vögel, Bäume, Erwartung, Freistoß	gellen, (sich) öffnen, jubeln, schwenken, wachsen, treffen	schrill (2x), scharf, gefoult
2.	überwiegend **positive Wirkung**, bis auf „Sturz" wecken die Begriffe alle angenehme Vorstellungen	**gemischte Wirkung:** „gellen" oder „treffen" fast erschreckend, „jubeln", „öffnen" und „wachsen" eher fröhlich oder hoffnungsvoll	insgesamt nur wenige Adjektive, alle **negativ:** klingen erschreckend bis bedrohlich
3.	**Fazit:** Die Wortwahl zeigt zunächst ein gemischtes Bild: Die Situation ist für den lyrischen Sprecher grundsätzlich angenehm, es gibt viele positive Aussagen. Hin und wieder erlebt er jedoch einen Schrecken. Betrachtet man die Wörter, die negative Vorstellungen wecken, im Zusammenhang des Gedichts, zeigt sich aber, dass sie stets durch positive Aussagen wieder „entschärft" werden. Die Wortwahl, mit der Negatives zum Ausdruck kommt, dient also vor allem dazu, Spannung und Überraschungsmomente zu erzeugen.		

Ü 19: Heinrich von Kleist „Anekdote" – Den Satzbau berücksichtigen

Satzbau: Der Text besteht aus langen Satzgefügen, also aus kompliziert gebauten Sätzen, bei denen viele Nebensätze ineinander verschachtelt sind.

Wirkung: Die komplizierten Satzgefüge erwecken den Eindruck, als gehe es dem Erzähler vor allem um eine sachlich präzise und detailgetreue Wiedergabe des Geschehens. Damit steht der Satzbau im Gegensatz zum Inhalt, denn die beschriebene Handlung ist spannungsgeladen und geradezu erschreckend: Erzählt wird, wie zwei Boxer sich in einem Zweikampf gegenseitig so schwer verletzen, dass sie beide nacheinander sterben. Die langen Sätze aber lassen die Erzählweise nicht aufgeregt, sondern ganz ruhig und gelassen erscheinen. Die Darstellung erinnert damit eher an einen überlegt formulierten sachlichen Bericht als an eine spannende Erzählung mit dramatischem Ausgang.

Hinweis: *Auch der Aufbau des Textes erinnert übrigens an einen Bericht: Die W-Fragen werden beantwortet (vgl. Übung 8) und das Geschehen wird in chronologischer Reihenfolge wiedergegeben.*

Ü 20: „Spiel zwischen Erde und Himmel" – Sprachbilder erkennen

1. In dem Gedicht gibt es …

   [X] Personifikationen.

   Hinweis: „Metaphern" wird nicht als richtig gewertet. Man könnte allenfalls die „Schwalbe" (V. 5) als Metapher ansehen. Allerdings handelt es sich dabei um ein Wort, dessen zweite Bedeutung fest in den deutschen Wortschatz eingegangen ist und das deshalb nicht unbedingt als Metapher erkannt wird. (Es handelt sich um eine sogenannte lexikalisierte oder tote Metapher.) Weitere Metaphern sind im Gedicht nicht zu finden, deshalb ist die Antwort im Plural („Metaphern") in jedem Fall falsch.

2. „[…] die Bäume schwenken ihr Fahnengrün." (V. 8)

3. Die Sprachbilder erzeugen eine eher …

   [X] gute Stimmung.

   Begründung: Wenn es heißt, „die Vögel jubeln" (V. 7) und „die Bäume schwenken ihr Fahnengrün" (V. 8), dann wirkt das fröhlich. Die Natur scheint die gute Stimmung der Zuschauer im Stadion widerzuspiegeln.

Ü 21: Peter Maiwald „Die Kampagne" – Ironie richtig deuten

1. Aussprechen von Irrtümern, Missverständnisse, Geschwätzigkeit

   ***Hinweis:** Auch möglich: Ärger mit Schwerhörigen, Lügen, jemanden zu etwas überreden*

2. **Erste Textstelle:** „In Zweifelsfällen werden wir handgreiflich." (Z. 36 f.)
   Erklärung: Wenn jemand handgreiflich wird, wendet er Gewalt an. Das kann nicht positiv gemeint sein.

   ***Hinweis:** Das Sprechen über Konflikte kann verhindern, dass ein Streit eskaliert. So kann eine Lösung des Problems herbeigeführt werden.*

   Zweite Textstelle: „Seit wir sprachlos sind, kann uns nichts mehr erschrecken." (Z. 40 f.)
   Erklärung: Es ist nicht von Vorteil, wenn man über nichts mehr erschrickt, denn das würde auch bedeuten, dass man schlimme Missstände oder grobe Fehler gleichgültig hinnimmt.

   ***Hinweis:** Wer niemals erschrickt, wird z. B. nicht gegen Unrecht protestieren. Auch wird er dazu neigen, unvorsichtig zu sein, weil er vor nichts Angst hat.*

Schreibkompetenz

Ü 22: Den Schreibprozess steuern – Eine Schreibaufgabe vorbereiten

1. a) Einrichten einer von Schülern betriebenen Cafeteria an der Schule
   b) einen sachlichen/offiziellen Brief
   c) der Schulsprecher/die Schulsprecherin der Schule; Anliegen: Bitte um Unterstützung, damit das Vorhaben verwirklicht werden kann
   d) an die Schulleiterin; sie könnte Einwände gegen das Projekt haben

2. Stoffsammlung als **Tabelle:**

Argumente für das Vorhaben (Vorteile)	Mögliche Einwände
• Viele Schüler kommen hungrig in die Schule → können sich nach Frühstück besser konzentrieren • Schüler lernen Verantwortung tragen: müssen einkaufen, verkaufen, abrechnen etc. • Geldeinnahme für die Schule, zusätzliches Geld für Anschaffungen • Mensa erst in Mittagspause geöffnet: zu spät • Angebote für den „kleinen Hunger zwischendurch“ erwünscht • gut für die Schulatmosphäre: Treffpunkt für Schüler und Lehrer • evtl. Beitrag zur gesunden Ernährung, z. B. durch Angebot von Obst, Müsli, Joghurt • macht Schülern Spaß, fühlen sich ernst genommen, Anerkennung von Mitschülern und Lehrern • Betreiben einer Cafeteria schult wirtschaftliches Denken → förderlich für berufliche Zukunft • eigenverantwortliches Betreiben einer Cafeteria ermöglicht praxisorientiertes Lernen	• Mensa vorhanden → möglicherweise weniger Essensteilnehmer → evtl. Klagen des Betreibers über Gewinneinbußen • Zeitproblem: nur 20 Minuten Pause, pünktliches Erscheinen für aktive Schüler evtl. schwierig • evtl. Risiken in Bezug auf Geld (Kontrolle von Einnahmen und Ausgaben nötig) • Organisation schwierig • Startkapital nötig, unklar: Woher soll das Geld stammen? • Platz benötigt: Auswahl des Raumes zu klären • Ausstattung der Cafeteria mit Möbeln nötig (Tische, Stühle, Theke, Geschirr, Kasse …) • evtl. Mitarbeit von Eltern und Lehrern nötig • bestimmtes Angebot von Schülern erwartet, evtl. ungesund (z. B. Süßigkeiten) • Cafeteria unnötig: Schüler können Pausenbrot von zu Hause mitbringen

Stoffsammlung als **Mindmap** oder **Cluster:**

Beginne mit den Grundgedanken bei den direkt von der Mitte ausgehenden Ästen. Nutze dann weitere Abzweigungen von diesen für Zusätze und Zusammengehöriges, z. B. so:
Hauptast: *gezieltes Essensangebot möglich*
→ Nebenabzweigung: *z. B. Obst, Joghurt*
→ Abzweigung von der Nebenabzweigung: *Beitrag zur gesunden Ernährung*
Oder so:
Hauptast: *Organisation schwierig*
→ erste Abzweigung vom Hauptast: *Raumplanung nötig*
→ zweite Abzweigung vom Hauptast: *Pausen zu kurz*

In einem **Cluster** sind die Eintragungen noch ungeordnet aufgeführt, so wie die Ideen dir in den Sinn kommen (wie beim Brainstorming).
Die **Mindmap** dagegen kannst du gleich unterteilen in eine Pro- und eine Kontra-Seite – oder du fertigst je eine eigene Mindmap für Pro-Argumente und eine für Kontra-Argumente an.

3. Siehe Übung 23: Im Schreibplan (Hauptteil) sind die Ideen in der festgelegten Reihenfolge eingetragen.

Ü 23: Den Schreibprozess steuern – Einen Schreibplan erstellen

Schreibplan:

Einleitung	Höfliche Anrede
Hinführung,	Aktuelle Situation: viele Schüler ohne Frühstück im Unterricht
Anliegen	Bitte um Unterstützung für Einrichtung einer Cafeteria
Hauptteil Entkräften von Gegenargumenten,	• Fragen der Ausstattung und Organisation mit Unterstützung der Eltern lösbar • Mensa nur mittags geöffnet, deckt anderen Bedarf ab, keine Konkurrenzsituation
eigene Argumente	• bessere Leistungsfähigkeit durch Frühstücksmöglichkeit für alle Schüler • praxisorientiertes Lernen: Schüler lernen Verantwortung tragen, schult wirtschaftliches Denken • macht Schülern Spaß, gut für die Schulatmosphäre

Schluss Bekräftigung mit Hauptargument/ Zusammenfassung,	Wiederholung der Bitte um Unterstützung, Hauptbegründung: vorteilhaft für das Lernen und bessere Atmosphäre
weiteres Vorgehen	Vorschlag: Gespräch führen
	Grußformel und Unterschrift

Ü 24: Den Schreibprozess steuern – Einleitung und Schluss verfassen

Einleitung:

Sehr geehrte Frau …,
in letzter Zeit stelle ich immer wieder fest, dass viele Schüler morgens im Unterricht sitzen, ohne vorher zu Hause gefrühstückt zu haben. Pausenbrote haben sie auch nicht dabei. Deshalb fällt es ihnen schwer, darauf zu warten, dass in der Mittagspause endlich die Mensa öffnet. Mir ist vor Kurzem eine Idee gekommen, wie wir dieses Problem lösen könnten: Ich schlage vor, dass wir an unserer Schule eine Cafeteria einrichten, die von Schülern und Eltern gemeinsam betrieben wird. Damit dieses Vorhaben Wirklichkeit werden kann, bitte ich Sie um Ihre Unterstützung. …

Schluss:

… Ich hoffe, es ist mir gelungen, Sie davon zu überzeugen, dass es wirklich gut wäre, wenn wir an unserer Schule eine Cafeteria betreiben würden. Ein solches Angebot wäre nicht nur förderlich für das Lernen, sondern auch ein entscheidender Beitrag zur Verbesserung der Schulatmosphäre. Schließlich verbringen wir alle – Schüler und Lehrer – einen Großteil unseres Tages in der Schule. Es wäre schön, wenn wir für die Pausen eine Begegnungsstätte hätten, an der wir uns alle gerne aufhalten. Deshalb möchte ich Sie noch einmal ausdrücklich darum bitten, uns mit unserem Vorhaben zu unterstützen.

Mit freundlichen Grüßen

…

Ü 25: Den Schreibprozess steuern – Einen Text überarbeiten

Wir haben zwar eine Mensa, doch dort bekommen wir erst um 13 Uhr ein Mittagessen und das ist für viele Schüler zu spät. Es gibt heutzutage nämlich eine ganze Reihe von Schülern, die ohne Frühstück zur Schule kommen und die deshalb schon früh am Morgen Hunger haben. Sie möchten sich vorher etwas zu essen und zu trinken kaufen können. Denn sie können sich sonst im Unterricht nicht konzentrieren. Daher wäre eine Cafeteria wichtig für sie. [...]

Ü 26: Friedrich Schiller „Der Verbrecher aus verlorener Ehre“ – Offene Fragen zu einem Text beantworten

1.

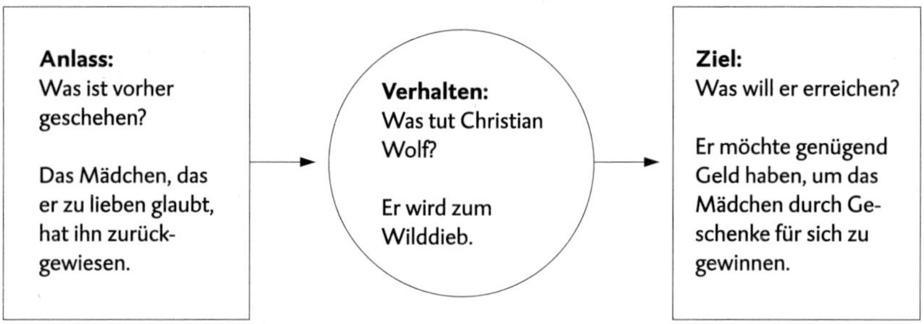

2. Christian Wolf wird zum Wilddieb, weil er zu Geld kommen will, um dem Mädchen, in das er verliebt ist, Geschenke machen zu können. Da er ziemlich hässlich aussieht, ist es schwer für ihn, beim anderen Geschlecht auf Interesse zu stoßen. Auch Hannchen, die er zu lieben glaubt, hat ihn zurückgewiesen. Da sie aber arm ist, hofft er, dass ihr Herz, „das seinen Beteurungen verschlossen blieb, [...] sich vielleicht seinen Geschenken“ öffnen würde (Z. 30–32). Um sie auf diese Weise für sich gewinnen, benötigt Christian aber Geld, das er nicht hat. So sieht er nur einen Ausweg, nämlich „honett zu stehlen“ (Z. 46 f.), das heißt, zu wildern.

Ü 27: Reinhold Ziegler „Marathon" – Inhaltsangabe zu einem epischen Text

Schreibplan:

Einleitung Textsorte, Titel, Verfasser, Thema	 Kurzgeschichte „Marathon" Reinhold Ziegler Vater-Sohn-Konflikt: Dem Sohn fällt es schwer, sich gegenüber den Erwartungen seines Vaters zu behaupten.
Hauptteil Die einzelnen Handlungsschritte	1. Der Vater trainiert seinen Sohn schon früh im Laufen. 2. Der Sohn muss bereits mit 13 Jahren an einem Fünftausendmeterlauf teilnehmen: Er bewältigt die Laufstrecke, geht aber nicht als Sieger hervor. 3. Lob des Vaters für den guten Fünftausendmeterlauf; er meint, dass der Sohn den nächsten Lauf gewinnen wird. 4. Ein Jahr später gewinnt der Sohn tatsächlich. 5. Er wird von der Presse als Olympiahoffnung gefeiert. 6. Er zieht in eine andere Stadt, um Sport zu studieren. 7. Er verpasst die Qualifikation für Olympia. 8. Er steigt auf Marathon um, aber ist auch darin nicht gut genug. 9. Er besucht seine Eltern: fühlt sich zu Hause fremd und schafft es nicht, mit ihnen über seine sportlichen Misserfolge zu reden. 10. Sein Vater fordert ihn zum Laufen auf. 11. Der Sohn schlägt Marathon vor, der Vater willigt ein. 12. Während des Laufes bricht der Vater zusammen. 13. Die beiden unterhalten sich und kommen sich näher.
Schluss Ergebnis/Ausgang des Geschehens	Der Sohn hat es geschafft, sich von den hohen Erwartungen seines Vaters zu lösen. Er beschließt, mit dem Laufen aufzuhören.

Hinweis: *Du kannst die einzelnen Handlungsschritte im Hauptteil auch knapp in Stichworten notieren.*

Inhaltsangabe:

In der Kurzgeschichte „Marathon“ von Reinhold Ziegler, erschienen im Jahr 2001, geht es um einen Vater-Sohn-Konflikt: Der Ich-Erzähler, ein junger Mann, erzählt davon, wie er von Kindheit an darunter gelitten hat, die Erwartungen seines Vaters erfüllen zu müssen. Von klein auf hat dieser ihn auf eine Karriere als Leistungssportler getrimmt, ohne auf die Begabungen, Bedürfnisse und Interessen des Jungen Rücksicht zu nehmen. Erst nach vielen Jahren gelingt es dem Sohn, sich von diesen Ansprüchen zu befreien.

Der Ich-Erzähler erinnert sich noch genau daran, wie sein Vater ihn schon als kleinen Jungen bei jeder Gelegenheit im Laufen trainiert hat, beispielsweise auf dem Weg zum Bäcker. Bereits als 13-Jähriger hat er als Einziger aus seiner Altersklasse bei einem Sportfest an einem Fünftausendmeterlauf teilnehmen müssen, um den Ehrgeiz seines Vaters zu befriedigen. Obwohl er aus dem Rennen nicht als Sieger hervorgegangen ist, hat er von seinem Vater lobende Worte zu hören bekommen – und die Vorhersage, dass er das nächste Rennen ein Jahr später gewinnen werde, was dann auch tatsächlich geschehen ist. Von diesem Tag an ist der junge Läufer als „Olympiahoffnung“ gefeiert worden, nicht nur von seinem Vater, sondern auch von den Zeitungen.

Nach der Schule geht der Ich-Erzähler in eine andere Stadt, um dort Sport zu studieren und professionell zu trainieren. Trotzdem schafft er es nicht, sich für Olympia zu qualifizieren. Danach steigt er auf Marathon um, in der Hoffnung, dabei bessere Leistungen zu erzielen. Allerdings merkt er schon bald, dass er auch in dieser Disziplin nicht gut genug für den Profisport ist.

Als er wieder einmal bei seinen Eltern zu Besuch ist, fühlt er sich zunächst fremd bei ihnen. Es gelingt dem Jungen nicht, mit ihnen über seine sportlichen Misserfolge ins Gespräch zu kommen. Schließlich fordert sein Vater ihn zum gemeinsamen Laufen auf. Auf die Frage nach der Laufstrecke schlägt der gut trainierte Sohn Marathon vor. Er glaubt, dass sein Vater eine so lange Strecke nicht schaffen wird und dass deshalb er selbst diesmal die Oberhand haben wird. Nach einer Weile bricht der Vater tatsächlich zusammen.

Der Zusammenbruch führt dazu, dass die beiden erstmals richtig miteinander ins Gespräch kommen. Der Vater versteht, dass der Sohn sich mit dem Marathonlauf an ihm hat rächen wollen – für die übertriebenen Erwartungen, mit denen er den Sohn jahrelang gequält hat. Am Ende finden die beiden zueinander.

Ü 28: „Septemberliches Lied vom Storch" – Inhaltsangabe zu einem Gedicht

In dem Gedicht „Septemberliches Lied vom Storch" von Günter Eich beschreibt der lyrische Sprecher eine idyllische Situation in der Natur, die sich am Anfang des Herbstes zeigt: Zwar naht bereits die kalte Jahreszeit, aber da die Sonne noch fast so hell und warm scheint wie im Sommer, entsteht ein trügerisches Bild. Das ist auch am Verhalten der Tiere zu erkennen.
Der Storch hat bereits gespürt, dass der Sommer vorbei ist, und den Flug nach Süden angetreten. Die anderen Tiere aber genießen die letzten Sonnenstrahlen. Dank der Abwesenheit des Storches ist dies gefahrlos möglich, insbesondere für die Maus und den Frosch, die sich ausgelassen tummeln. Die Mücke allerdings, die sich ebenso unbeschwert verhält, unterliegt einem Irrtum. Sie ist nach wie vor gefährdet, denn sie könnte sich immer noch in einem Netz verfangen, das die Spinne webt.
Die schöne Stimmung an den letzten Sonnentagen im Frühherbst trügt also: Auch wenn für die einen Gefahren verschwunden sind, müssten andere eigentlich immer noch auf der Hut sein. Die perfekte Idylle gibt es also nicht.

Ü 29: „Terminator mit menschlichem Antlitz" – Inhaltsangabe zu einem Sachtext

In der Reportage „Terminator mit menschlichem Antlitz" von Florian Falzeder, erschienen am 21. 10. 2013 in der Tageszeitung *taz*, stellt der Verfasser Menschen vor, die sich als sogenannte Cyborgs ansehen. Einige von ihnen treffen sich regelmäßig in Räumen des Berliner Hackervereins „c-base", um sich auszutauschen. Der Verfasser nimmt ein solches Treffen zum Anlass, um sich mit den Teilnehmern über ihre Erfahrungen und Ziele zu unterhalten.
Falzeder erklärt, dass der Begriff „Cyborg" aus der Raumfahrt stammt. Ursprünglich bezog er sich auf Menschen, die nach den Vorstellungen von Wissenschaftlern mithilfe von Technik so umgestaltet werden, dass sie im Weltraum überleben könnten. Heute versteht man unter Cyborgs Menschen, die ihren Körper mit technischen Geräten ausstatten bzw. aufrüsten, um ihre Leistungsfähigkeit im Alltag zu steigern.
Drei solcher Cyborgs stellt der Verfasser vor: den Amerikaner Tim Cannon, der seine Sinneserfahrungen mithilfe von implantierten Chips und Magneten erweitert, die Programmiererin Rin Räuber, die ebenfalls einen Magneten in der Fingerspitze trägt und seitdem elektromagnetische Felder spüren kann, und den Gründer der deutschen Cyborg-Treffen Enno Park, der wieder hören kann,

seit ihm ein Cochlea-Implantat eingepflanzt wurde. Einige Cyborgs wollen sich also durch die technischen Geräte, die sie in ihre Körper integrieren, perfektionieren, andere gleichen damit einen körperlichen Mangel aus.
Falzeder erinnert daran, dass das Thema der Verschmelzung von Mensch und Maschine schon häufig in Form von Science-Fiction-Werken aufgegriffen und viel darüber diskutiert worden sei. Enno Park will diese Diskussionen ins Positive rücken: Den Terminators, die in Hollywood-Filmen als gefährliche Kampfmaschinen dargestellt sind, sollen Cyborgs mit menschlichem Antlitz entgegengesetzt werden, um die Auseinandersetzung rund um alltägliche Technik im menschlichen Körper anzuregen. Park hält das für nötig, weil viele Menschen bereits Cyborgs seien, ohne sich dessen bewusst zu sein, etwa Personen mit Herzschrittmacher oder Prothesen.

Ü 30: Helga M. Novak „Schlittenfahren" – Die Analyse eines epischen Textes vorbereiten

a) **Schlittenfahren**

Text	Anmerkungen
	Überschrift doppeldeutig: 1. Spiel der Kinder, 2. schimpfen
Das Eigenheim steht in einem Garten. Der Garten ist groß.	*gute Wohnsituation, wohlhabend?*
Durch den Garten fließt ein Bach. Im Garten stehen	*idyllisch oder gefährlich?*
zwei Kinder. Das eine der Kinder kann noch nicht spre-	*nicht mal zwei Jahre alt*
chen. Das andere Kind ist größer. Sie sitzen auf einem	*nur ein Schlitten*
Schlitten. Das kleinere Kind weint. Das größere sagt,	*Streit um den Schlitten*
gib den Schlitten her. Das kleinere weint. Es schreit.	*wütend, hilflos*
Aus dem Haus tritt ein Mann. Er sagt, wer brüllt, kommt rein. Er geht in das Haus zurück. Die Tür fällt hinter ihm zu.	*Mann = Vater: fragt nicht nach Gründen, macht seine Drohung nicht wahr*
Das kleinere Kind schreit.	*Streit geht weiter*
Der Mann erscheint wieder in der Haustür. Er sagt, komm rein. Na wird's bald. Du kommst rein. Wer brüllt, kommt rein.	*Vater wiederholt seine Drohung*
Komm rein. Der Mann geht hinein. Die Tür klappt.	*macht Drohung wieder nicht wahr*
Das kleinere Kind hält die Schnur des Schlittens fest. Es schluchzt.	*kein lautes Schreien mehr → nicht trotzig, sondern traurig*
Der Mann öffnet die Haustür. Er sagt, du darfst Schlit-	*schluchzendes Kind rührt ihn?*
ten fahren, aber nicht brüllen. Wer brüllt, kommt rein. Ja. Ja. Jaaa. Schluss jetzt.	*wiederholt Drohung*
Das größere Kind sagt, Andreas will immer allein fahren.	*größeres Kind ohne Namen,*

Der Mann sagt, wer brüllt, kommt rein. Ob er nun Andreas heißt oder sonstwie. Er macht die Tür zu.	*fühlt sich ungerecht behandelt* *Vater desinteressiert, wiederholt nur seine Drohung, kümmert sich nicht*
Das größere Kind nimmt dem kleineren den Schlitten weg. Das kleinere Kind schluchzt, quietscht, jault, quengelt.	*will auch mal allein rodeln* *hilflos und wütend*
Der Mann tritt aus dem Haus. Das größere Kind gibt dem kleineren den Schlitten zurück. Das kleinere Kind setzt sich auf den Schlitten. Es rodelt.	*größeres Kind will Ärger vermeiden* *wahrscheinlich zufrieden*
Der Mann sieht in den Himmel. Der Himmel ist blau. Die Sonne ist groß und rot. Es ist kalt.	*schöner Wintertag* *rot: Signalfarbe für Gefahr*
Der Mann pfeift laut. Er geht wieder ins Haus zurück. Er macht die Tür hinter sich zu.	*Vater gut gelaunt, denkt, alles sei ok*
Das größere Kind ruft, Vati, Vati, Vati, Andreas gibt den Schlitten nicht mehr her.	*beschwert sich, sucht Unterstützung*
Die Haustür geht auf. Der Mann steckt den Kopf heraus. Er sagt, wer brüllt, kommt rein. Die Tür geht zu.	*kommt nicht einmal mehr vor die Tür zur Wiederholung der Drohung*
Das größere Kind ruft, Vati, Vativativati, Vaaatiii, jetzt ist Andreas in den Bach gefallen.	*in Panik, ruft um Hilfe*
Die Haustür öffnet sich einen Spalt breit. Eine Männerstimme ruft, wie oft soll ich das noch sagen, wer brüllt, kommt rein.	*nur noch einen Spalt breit!* *wiederholt seine Drohung → hat Situation nicht verstanden*

Quelle: Helga M. Novak: Schlittenfahren. In: Dies.: Aufenthalt in einem irren Haus. Gesammelte Prosa. Frankfurt a. M.: Schöffling & Co. Verlagsbuchhandlung GmbH 1995, S. 82 f.

b) Als besondere **sprachliche Mittel** solltest du erkannt haben:

- einfache Wortwahl: „Haus“, „Kind“, „Tür“, „Mann“ …; Ausnahme: „Eigenheim“
- viele kurze einfache Hauptsätze, unverbunden aufeinanderfolgend
- viele Wortwiederholungen: „Garten“ (viermal in Z. 1–3), „Kind“, „Schlitten“, „Mann“
- Wiederholungen, viele ähnliche Satzanfänge: „Der Mann …“, „Das kleinere Kind …“, „Das größere Kind …“
- Wortfeld „schreien“: weinen, schreien, brüllen, schluchzen, quietschen, jaulen, quengeln, rufen

Wirkung: monoton, einfach, kühl, nüchtern, gefühllos, unlebendig

Hinweis: *Du könntest außerdem anmerken, dass die wörtliche Rede nicht durch Anführungszeichen gekennzeichnet ist. Auch das trägt dazu bei, dass die Darstellung starr, unlebendig und kühl wirkt.*

c) **Schreibplan**

Einleitung Basisinformationen	Kurzgeschichte „Schlittenfahren“ von Helga M. Novak Wann: an einem schönen Wintertag Wo: im eigenen Garten Wer: zwei kleine Kinder, Vater Was: Unfall eines der Kinder beim Schlittenfahren
Hauptteil, Teil 1 Inhaltsangabe	• Kinder streiten sich um Schlitten • Vater fühlt sich wiederholt durch den Lärm belästigt • tritt mehrmals vors Haus, ermahnt Kinder zur Ruhe, droht („Wer brüllt, kommt rein.“) • geht zurück ins Haus • Streit zwischen Kindern hält an • kleineres Kind fällt mit Schlitten in den Bach • Vater bemerkt Gefahr nicht • fühlt sich weiter belästigt, geht ins Haus zurück
Hauptteil, Teil 2 Deutende Aussagen zum Text	• Spielsituation gefährlich für Kinder (Bach!) • ein Kind noch sehr klein (kann noch nicht sprechen) • nur ein Schlitten für zwei Kinder → Streit • Vater durch Lärm gestört, aber desinteressiert: fragt nicht nach Grund für den Streit • droht bei weiterem Geschrei mit dem Ende des Spiels im Garten, aber inkonsequent: macht Drohungen nicht wahr • verantwortungslos: kümmert sich nicht um die Kinder • Vater unterstützt kleines Kind, größeres Kind fühlt sich ungerecht behandelt • Vater wiederholt Drohung, wieder ohne Konsequenz • älteres Kind sucht Unterstützung (3x „Vati“-Ruf) • Vater fragt nicht nach dem Grund, steckt nur noch Kopf durch die Tür und wiederholt Drohung • älteres Kind ruft um Hilfe (5x „Vati“-Ruf) • Vater genervt, öffnet Tür nur noch einen Spalt breit und wiederholt sich → zeigt kein echtes Interesse
Zwischenergebnis und Überschrift	• Ausgang offen: Rettung des kleinen Kinds unklar • Vater verantwortungslos • Überschrift doppeldeutig: 1. Spiel der Kinder, 2. „mit jemandem Schlitten fahren“ = ausschimpfen

Hauptteil, Teil 3 Besonderheiten der sprachlichen Gestaltung	• Wortwahl: einfach, fast naiv („Haus“, „Schlitten“, „Garten“) • „Eigenheim“: passt nicht zur sonstigen Wortwahl • viele Synonyme für „brüllen“: „rufen“, „quengeln“, „jaulen“, „schreien“, „schluchzen“, „quietschen“ • kurze Sätze, ohne verbindende Konjunktionen oder Adverbien aneinandergereiht • viele Wortwiederholungen und Wiederholungen der Satzanfänge • wörtliche Rede nicht gekennzeichnet • Erzählperspektive: auktorialer Erzähler → Sprache und Darstellung wirken kühl, nüchtern, monoton, gefühllos: passt zum Verhalten des Vaters
Schluss	Kritik an der Gesellschaft: Materielles wichtiger als Menschen, Gefühlskälte, Desinteresse an Kindern → unter Umständen (lebens-)gefährlich

Ü 31: Helga M. Novak „Schlittenfahren“ – Analyse eines epischen Textes

Die Kurzgeschichte „Schlittenfahren“ von Helga M. Novak erzählt von zwei Geschwistern, die an einem schönen Wintertag im Garten Schlitten fahren. Dabei verunglückt das kleinere Kind, indem es in einen Bach stürzt.

Einleitung: *Basisinformationen: Textsorte, Titel, Autorin, Thema*

Die Geschwister haben zu zweit nur einen Schlitten. Da jedes von ihnen alleine rodeln will, geraten sie immer wieder in Streit. Das jüngere Kind, das noch nicht sprechen kann, äußert seinen Unmut durch Weinen und Schreien. Immer wenn aus dem Garten Geschrei zu hören ist, erscheint der Vater der beiden an der Haustür. Ohne nach Gründen zu fragen, ermahnt er die Kinder jedes Mal, still zu sein – andernfalls, so droht er, müssten sie ins Haus kommen. Allerdings macht der Mann seine Drohungen nicht wahr. Auch als das ältere Kind schließlich um Hilfe ruft, weil sein kleiner Bruder in den Bach gefallen ist, wiederholt der Vater lediglich seine Drohung, in der Annahme, dass die Kinder bloß wieder streiten.

Hauptteil, 1. Teil: *Inhaltsangabe: zusammenfassende Darstellung des Handlungsverlaufs*

Der Vater hat offenbar nicht verstanden, dass sich sein jüngerer Sohn am Ende in Lebensgefahr befindet. Auf das Schreien aus dem Garten reagiert er immer gleich, nämlich mit der gleichgültig geäußerten Drohung: „Wer brüllt, kommt rein.“ Insgesamt sechsmal spricht er sie aus (Z. 8 f., 13 f., 20, 23, 39, 43 f.).

Hauptteil, 2. Teil: *Deutende Aussagen mit Textbelegen und Erläuterungen:*

Vater erkennt Gefahr nicht

Dabei steigert sich sein achtloses Verhalten im Verlauf der Handlung: Während der Vater anfangs noch vors Haus tritt (vgl. Z. 16, Z. 29), steckt er später nur noch „den Kopf heraus" (Z. 38 f.), bis sich schließlich die Tür nur noch „einen Spalt breit" (Z. 42) öffnet. Deshalb merkt er auch nicht, dass sein älteres Kind am Schluss panisch um Hilfe ruft.

→ zunehmend gleichgültig

Dabei klingt das Lärmen der Kinder durchaus unterschiedlich: Mal heißt es, dass das kleine Kind „schreit" (Z. 7), an anderer Stelle heißt es, dass es „schluchzt" (Z. 18), und an wieder einer anderen Stelle verwendet der Erzähler gleich mehrere Verben – „schluchzen", „quietschen", „jaulen" und „quengeln" (vgl. Z. 27 f.) – um die Wut und Hilflosigkeit des kleinen Kindes zum Ausdruck zu bringen. Dagegen bezeichnet er die Äußerungen des größeren Kindes mit dem Verb „rufen" (Z. 36, 40). Für den Vater ist der Lärm, der von den Kindern ausgeht, aber immer der gleiche. Das ist auch daran zu erkennen, dass er ihn stets gleich bezeichnet, nämlich als „Brüllen". Dass er die Äußerungen seiner Kinder nicht unterscheidet, spricht dafür, dass er kaum hinhört. Er scheint also an seinen Kindern und ihrem Treiben nicht sonderlich interessiert zu sein.

Lärm der Kinder klingt unterschiedlich,

aber für Vater immer gleich

→ desinteressiert

Sein Desinteresse zeigt sich auch darin, dass er niemals nach den Gründen für die Aufregung der Kinder fragt. Da ihr Geschrei bei genauem Hinhören ganz unterschiedlich klingt, müsste dem Vater eigentlich klar sein, dass es dafür auch verschiedene Anlässe geben muss. Doch auch das nimmt er anscheinend nicht wahr.

Gründe für Schreien werden nicht hinterfragt

Dabei sollte ihn der Streit nicht verwundern, denn die Kinder haben zu zweit nur einen Schlitten, und das, obwohl sie verschieden alt sind: Da das kleine Kind noch nicht einmal sprechen kann, dürfte es kaum zwei Jahre alt sein. Das größere Kind muss dagegen schon um einiges älter sein, denn es kann die Gefahr, in die sein kleiner Bruder am Ende geraten ist, richtig einschätzen. Dass es nicht friedlich zugeht, wenn sich die Kinder beim Rodeln mit dem Schlitten abwechseln sollen, hätte der Erwachsene also vorhersehen und verhindern können. Zumindest scheint es keine finanziellen Gründe dafür zu geben, dass kein zweiter Schlitten vorhanden ist, denn die Eltern sind wohlhabend genug, um sich ein eigenes Haus zu leisten. Das lässt der Erzähler den Leser gleich zu Anfang des Textes wissen (vgl. Z. 1).

unverständlich: Warum nur ein Schlitten für zwei Kinder?

→ Vater hätte Streit vermeiden können

Noch weniger ist es zu verstehen, dass der Vater die Kinder ganz alleine draußen spielen lässt. Die Situation im Garten ist

Gefahr durch Bach im Garten

durchaus gefährlich, weil ein Bach hindurchfließt (vgl. Z. 3). Kleine Kinder dürfte man dort also nicht unbeaufsichtigt rodeln lassen. Dieses Verhalten ist verantwortungslos.

→ verantwortungslos

Der Vater hat das Wohl seiner Kinder nicht im Auge. Er sieht offenbar keine Notwendigkeit, sich um sie zu kümmern. Wichtig scheint ihm stattdessen nur zu sein, dass er seine Ruhe hat. Darin zeigt sich sein Egoismus. Außerdem ist er als Erzieher inkonsequent, da er immer nur leere Drohungen ausspricht, die keine Folgen haben. So ist es verständlich, dass die Kinder nicht auf ihn hören und sich immer weiter streiten.

Vater will nur seine Ruhe

→ egoistisch und inkonsequent

Ob das kleine Kind aus seiner lebensgefährlichen Lage gerettet wird, bleibt offen. So lässt die Geschichte den Leser in dieser Hinsicht ratlos zurück. Deutlich wird aber, dass der Vater für sein Verhalten zu verurteilen ist, da er nur an sich denkt und nicht an das Wohlergehen seiner Kinder.

Zwischenergebnis:
Ausgang der Handlung offen, Verhalten des Vaters zu verurteilen

Auch die Doppeldeutigkeit der Überschrift „Schlittenfahren" passt hierzu: Während die Kinder fröhlich mit dem Schlitten im Schnee spielen wollen, zeigt sich ihr Vater ungeduldig und böse, indem er mit ihnen – entsprechend der Redensart – „Schlitten fährt", also mit ihnen schimpft. Ein verständnisvoller Vater ist er nicht.

Deutung der Überschrift

Der auktoriale Erzähler äußert jedoch an keiner Stelle direkte Kritik an dem Erwachsenen. Geradezu unterkühlt erzählt er das Geschehen: Er verwendet gehäuft einfache Wörter aus der Alltagssprache (z. B. „Garten", Z. 1, 3, „Tür", Z. 9, 16, 25, „Kind", Z. 4–6, 11, „Mann", Z. 8, 12, 16). Und auch der Satzbau ist sehr einfach: Es gibt nur Hauptsätze, die nicht einmal durch Konjunktionen oder Adverbien miteinander verbunden sind. So wirkt die Darstellung monoton und fast etwas lieblos – worin sich die gleichgültige Haltung des Vaters widerspiegelt.

Hauptteil, 3. Teil:
Sprachliche Gestaltung: auktorialer Erzähler, keine direkte Kritik

Darstellung wirkt unterkühlt: einfache Wortwahl, monotoner Satzbau

→ lieblos, gleichgültig

Es gibt nur ein einziges Wort, das davon abweicht: das Wort „Eigenheim" (Z. 1). Somit scheint es sich um einen Schlüsselbegriff zu handeln. Auf keinen Fall handelt es sich dabei um ein Wort aus der Alltagssprache. Eher kennt man es aus der Werbung für Immobilien. Möglicherweise soll es also darauf hindeuten, dass den Eltern Besitz – in diesem Fall der des eigenen Hauses – besonders wichtig ist.

Ausnahme in der Wortwahl: „Eigenheim"
→ Schlüsselbegriff

Man kann die Kurzgeschichte also als Kritik an all denen deuten, für die Materielles größere Bedeutung hat als das Wohlergehen von Menschen, insbesondere das von Kindern, denen die Erwachsenen oft nicht einmal richtig zuhören. Dass diese Haltung geradezu gefährlich sein kann, zeigt die Geschichte.

Schluss:
Ergebnis:
Kritik: Materielles wichtiger als Wohlergehen der Kinder

Ü 32: Peter Fox „Das zweite Gesicht" – Analyse eines lyrischen Textes

Einleitung:
Basisinformationen: Textsorte, Titel, Autor, Erscheinungsjahr und Thema

In dem aus dreizehn Strophen bestehenden Songtext „Das zweite Gesicht" von Peter Fox, erschienen im Jahr 2008, spricht das lyrische Ich ein unbekanntes Gegenüber an und macht sich dabei Gedanken über eine düstere Seite von dessen Persönlichkeit. Diese zeigt sich immer wieder in Form von unkontrolliertem und schädigendem Handeln.

Hauptteil, 1. Teil:
Inhaltsangabe:

Aus Erfahrung weiß der Angesprochene, dass er selbst dazu neigt, seine Aggressionen an anderen auszulassen, auch wenn er das im Grunde gar nicht will. Es genügt, dass jemand ihm mit seinen Ansichten oder seinem Verhalten in die Quere kommt, und schon kann die Person sich nicht mehr zurückhalten. Dem Betreffenden ist klar, dass er sich selbst und seinen Mitmenschen damit schadet, und schon am nächsten Tag bereut er es, wenn er wieder einmal die Kontrolle über sich verloren hat. Trotzdem kann er sich nicht beherrschen und hat sich deshalb damit abgefunden, dass es etwas Böses in ihm gibt, das nach außen drängt. Das bezeichnet die Person als „zweites Gesicht".

Problem mit der Kontrolle von Aggressionen

Böses drängt nach außen

Hauptteil, 2. Teil:
Deutende Aussagen mit Textbelegen und Erläuterung:
<u>Gründe</u> für das Verhalten

In den ersten Strophen beschreibt der lyrische Sprecher, wie es dazu kommt, dass der Betreffende gegenüber einer anderen Person aggressiv wird: Es passt ihm nicht, was diese tut oder sagt („Gleich geht jemand hier zu weit", V. 2). Er merkt dann, wie er wütend wird: „Die Stimme bebt und der Blick ist Eis" (V. 1), und schließlich schleudert er seinem Gegenüber böse Worte entgegen („Die Zunge ist geladen und bereit / Die Wörter von der Leine zu lassen […]", V. 3 f.).

<u>Folgen</u> des Verhaltens

Eine Zeitlang geht es dem Angreifer gut, wenn er dem anderen seine Meinung gesagt hat („Du triumphierst", V. 7). Doch er weiß auch: Schon am nächsten Tag wird es ihm leid tun, dass er jemanden verletzt hat (vgl. V. 8).

<u>Bewertung</u> der Anlässe als Nichtigkeiten

Das lyrische Ich macht deutlich, dass es in der Regel Nichtigkeiten sind, die den Angesprochenen derart aufbringen („Hahnenkampf um einen Haufen Mist", V. 9). Entscheidend ist für ihn aber, sich als Sieger zu fühlen („Einem Dummen zeigen, dass du schlauer bist", V. 12).

Refrain-Strophen:
aggressives Verhalten als böses Tier, das in einem steckt

In den Strophen vier, fünf und sechs, die am Schluss des Songtextes noch einmal als Refrain wiederholt werden, wird das aufbrausende Verhalten bildhaft so dargestellt, als gäbe es ein böses Tier („Ein Biest", V. 17), das in dem Betreffenden steckt. Normalerweise hat die Person dieses „Biest" unter Kontrolle; es ist in einem Käfig eingeschlossen. Doch irgendwann drängt es nach draußen, und die Käfigtür öffnet sich (vgl. V. 15). Dies geschieht Tag für Tag, das ganze Leben lang („Vom Laufstall bis ins Grab", V. 20).

Situationen, in denen die Aggression vorkommt

In den folgenden Strophen nennt der lyrische Sprecher weitere Beispiele dafür, wann dies vorkommen kann: Sobald die Person sich von anderen daran gehindert sieht, ihren Willen durchzusetzen oder den von ihr gewünschten Weg zu verfolgen (vgl. V. 25 f.), dringt das Böse nach außen. Wenn derjenige das Gefühl hat, jemand verhindere sein Glück („Jemand steht zwischen dir und deinem Glück", V. 27), hält er das nicht aus und es macht ihn „rasend" (V. 28). Neben Wutausbrüchen und verbalen Entgleisungen kommt es auch vor, dass der Betreffende sich falsch verhält, um sich Vorteile zu verschaffen. Beispielsweise belügt oder betrügt er andere, um nicht als Verlierer dazustehen („Du spielst falsch, um nicht zu verlieren", V. 33), oder er geht sogar mit der Frau des Freundes fremd („Die Frau deines Freundes kommt mit zu dir", V. 36).

Einsicht in das Fehlverhalten

Dabei sind dem Angesprochenen die eigenen aggressiven Ausbrüche durchaus bewusst („Du guckst dir zu und du hörst dich reden", V. 29) und er merkt, dass sie nicht richtig sind, sondern „sensationell daneben" (V. 30). Auch schadet er mit diesem Verhalten nicht nur anderen, die er zu Opfern macht, sondern letztendlich ebenso sich selbst („Du siehst die Wand und fährst dagegen", V. 32). Er gesteht sich sogar ein, dass er sich selbst etwas vormacht, wenn er feiert, „als wär nix passiert" (V. 34). Doch das hindert ihn nicht daran, sich so zu verhalten. Der lyrische Sprecher beurteilt das so: „Dein Gewissen ist betrunken" (V. 35).

Zwischenergebnis:
Eingeständnis: schlechte Seiten sind nicht unter Kontrolle

Trotz dieser Einsichten in das Fehlverhalten hat die Person die negativen Tendenzen in sich also nicht unter Kontrolle. Sie hat sich damit abgefunden, zwei Gesichter zu haben: ein gutes und ein schlechtes. Am Schluss bringt der lyrische Sprecher das auf den Punkt: „Ein Biest lebt in deinem Haus / Du schließt es ein, es bricht aus" (V. 42 f.).

zusammengefasst in der letzten Strophe

Die letzte Strophe fasst die Gedanken des lyrischen Ichs damit noch einmal wie ein Ergebnis zusammen. Das wird auch daran deutlich, dass diese Strophe verkürzt ist: Während die anderen zwölf Strophen durchgängig aus vier Versen bestehen, ist die letzte Strophe auf zwei Verse verknappt. Dadurch werden die Schlussworte zusätzlich hervorgehoben.

Hauptteil, 3. Teil:

Der lyrische Sprecher verwendet für seine Darstellung des Problems oft sprachliche Bilder, meistens Metaphern. Schon die Vorstellung, auf der der gesamte Text aufbaut, ist eine solches Sprachbild: das „Biest“ (V. 17), das in einer Person steckt und das nicht dauerhaft in einem Käfig gehalten werden kann. Daneben gibt es weitere Metaphern, z. B. die „Pfeilspitzen voller Gift“ (V. 5), die für Angriffe stehen. Eine Metapher ist auch der Versuch, „vom Gas zu gehen“, welcher nicht gelingt, weil der Fuß „grad gelähmt“ (V. 31) ist, womit ausgedrückt werden soll, dass die Person versucht, an sich zu halten, was sie aber nicht schafft, weil sie keine Kontrolle über sich hat. Hinzu kommen auch einige Personifikationen, z. B. der Zunge, die „geladen“ ist und „bereit / Die Wörter von der Leine zu lassen“ (V. 3 f.). Mit solchen Sprachbildern veranschaulicht der lyrische Sprecher seine Gedanken. Sie alle verstärken das Bild eines Getriebenen, der nicht anders handeln kann.

Sprachliche Gestaltung: viele Sprachbilder: Metaphern

Personifikationen

→ Veranschaulichung, Unterstützung des dargestellten Inhalts

Geprägt ist der Songtext auch durch die Gegenüberstellung von Gegensätzen (z. B.: „Du schließt es ein, es bricht aus“, V. 22, oder: „Du willst nach vorn, die anderen wollen zurück“, V. 25). Diese Gegensätze machen deutlich, dass der Angesprochene hin- und hergerissen ist, zum einen zwischen den beiden „Gesichtern“, die er in sich spürt, zum anderen zwischen seinen Vorstellungen und Wünschen und den Hindernissen, die sich ihm in den Weg stellen.

Gegensätze

→ Verdeutlichen des Hin-und-Hergerissen-Seins

Zwar wird durchgehend das Anredepronomen „du“ (z. B. V. 7, 11, 14) verwendet. Dennoch entsteht der Eindruck, der lyrische Sprecher meine eigentlich sich selbst. So wirkt der Song wie ein Selbstgespräch, das der lyrische Sprecher mit sich führt. Auch das passt wiederum zur Vorstellung von einem „zweiten Gesicht“, also einer zwiegespaltenen Person.

Anrede „du“

→ wie Selbstgespräch, Ansprache des „zweiten Gesichts“

Weil er Tag für Tag den Kampf gegen dieses ungeliebte „zweite Gesicht“ austrägt, kommt der lyrische Sprecher nicht zur Ruhe. Dabei hat er längst begriffen, dass er nicht gewinnen kann. Immer wieder fährt er sehenden Auges ‚gegen die Wand‘ (vgl. V. 32), wissend, dass er sich dadurch andere zum Feind macht (vgl. V. 4), und bereit, sie zu „opfern“, und sei es auch nur „für einen lauen Witz“ (V. 10).

Schluss:

Ergebnis: vergeblicher Kampf gegen das „Biest“ zum Schaden von anderen und von sich selbst

Doch auch der Leser oder Hörer kann sich durch das „Du“ im Text angesprochen fühlen. Dass Peter Fox mit diesem Song so erfolgreich war, bestätigt, dass sich offenbar viele Menschen mit den Gedanken des lyrischen Sprechers identifizieren können. Sie haben verstanden, dass wohl jeder in seinem Inneren ein „zweites Gesicht“ hat, also nicht nur gute, sondern auch schlechte Eigenschaften in sich trägt.

auch Verallgemeinerung: „du“ = jeder

→ alle haben gute und schlechte Seiten in sich

Ü 33: „Terminator mit menschlichem Antlitz" – Analyse eines Sachtextes

__Einleitung:__ Basisinformationen: Textsorte, Titel, Verfasser, Quelle und Thema

In der Reportage „Terminator mit menschlichem Antlitz" von Florian Falzeder, erschienen am 21. 10. 2013 in der Tageszeitung „taz", stellt der Verfasser Menschen vor, die sich als Cyborgs ansehen. Einige von ihnen treffen sich regelmäßig in Räumen des Berliner Hackervereins „c-base", um sich auszutauschen. Der Verfasser nimmt ein solches Treffen zum Anlass, um sich mit den Teilnehmern über ihre Erfahrungen und Ziele zu unterhalten.

__Hauptteil, 1. Teil:__ Inhaltsangabe: Herkunft und Bedeutung des Begriffs „Cyborg"

Falzeder erklärt, dass der Begriff „Cyborg" aus der Raumfahrt stammt. Ursprünglich bezog er sich auf Menschen, die nach den Vorstellungen von Wissenschaftlern mithilfe von Technik so umgestaltet werden, dass sie im Weltraum überleben könnten. Heute versteht man unter Cyborgs Menschen, die ihren Körper mit technischen Geräten ausstatten bzw. aufrüsten, um ihre Leistungsfähigkeit im Alltag zu steigern.

Vorstellen dreier Cyborgs (Beispiele)

Gründe für die technische Aufrüstung des eigenen Körpers

Drei solcher Cyborgs stellt der Verfasser vor: den Amerikaner Tim Cannon, der seine Sinneserfahrungen mithilfe von implantierten Chips und Magneten erweitert, die Programmiererin Rin Räuber, die ebenfalls einen Magneten in der Fingerspitze trägt und seitdem elektromagnetische Felder spüren kann, und den Gründer der deutschen Cyborg-Treffen Enno Park, der wieder hören kann, seit ihm ein Cochlea-Implantat eingepflanzt wurde. Einige Cyborgs wollen sich also durch die technischen Geräte, die sie in ihre Körper integrieren, perfektionieren, andere gleichen damit einen körperlichen Mangel aus.

Thema schon häufig künstlerisch behandelt und viel diskutiert

„Menschliche Cyborgs" als Gegenpol zu „Kampfmaschinen" aus Filmen

Ziel: Auseinandersetzung mit alltäglicher Technik im Körper

Falzeder erinnert daran, dass das Thema der Verschmelzung von Mensch und Maschine schon häufig in Form von Science-Fiction-Werken aufgegriffen und viel darüber diskutiert worden sei. Enno Park will diese Diskussionen ins Positive rücken: Den Terminators, die in Hollywood-Filmen als gefährliche Kampfmaschinen dargestellt sind, sollen Cyborgs mit menschlichem Antlitz entgegengesetzt werden, um so die Auseinandersetzung rund um alltägliche Technik im menschlichen Körper anzuregen. Park hält das für nötig, weil viele Menschen bereits Cyborgs seien, ohne es zu wissen, etwa Personen mit Herzschrittmacher oder Prothesen.

__Hauptteil, 2. Teil:__ Textsorte und Textaussage:

Der Text weist typische Merkmale einer Reportage auf: Der Verfasser greift drei Teilnehmer des Cyborg-Treffens heraus, um an ihnen beispielhaft darzustellen, welche Interessen sie verfolgen. Zwischendurch vermittelt er dem Leser durch allgemeine Erläuterungen Hintergrundwissen zum Thema. Typisch für eine Reportage ist auch, dass die Darstellung der Inhalte im Präsens erfolgt. Mehrmals werden zudem Äußerungen der drei vorgestellten Cyborgs wiedergegeben, entweder wortwörtlich (vgl. Z. 1, 6–8, 58 f., 65–67, 94–96) oder in Form von indirekter Rede (vgl. Z. 36–41, 83–88).

Merkmale einer Reportage: Wechsel von Beispielen u. Hintergrundwissen, Zeitform Präsens, direkte und indirekte Rede

Etwa in der Mitte des Textes formuliert Falzeder eine entscheidende Frage: „In welche Richtung soll die Verschmelzung von Mensch und Maschine gehen?" (Z. 46–48) Allerdings ist nicht zu erkennen, dass er eine Antwort darauf bekommen hat. Die Teilnehmer des Treffens sind sich nur darin einig, dass Cyborgs „längst Realität" (Z. 48) seien.

zentrale Frage

Eine besondere Rolle kommt dem Amerikaner Tim Cannon zu, der nicht nur als Erster im Artikel vorgestellt wird (vgl. Z. 1–12 und 19–26), sondern der von den Berliner Cyborgs auch in seiner Entwicklung bereits am weitesten fortgeschritten ist, d. h. die meiste Technik im Körper trägt (vgl. Z. 20–24). Dazu passt, dass Cannon als Cyborg mit dem am weitesten reichenden Ziel beschrieben wird: Er sehnt sich offenbar nach Unsterblichkeit (vgl. Z. 1, 4 f.).

Beispiel Tim Cannon: trägt die meiste Technik im Körper

Ziel: Unsterblichkeit

Danach wendet sich Falzeder Enno Park zu. Von ihm erhält er die Hauptinformationen zum Thema. Das zeigt sich zum einen darin, dass der Autor sich mehrfach auf ihn bezieht (vgl. Z. 36–38 und 53–61), zum anderen darin, dass er seinen Artikel mit einem Zitat Parks beschließt (vgl. Z. 94–96). Die Erkenntnis, ein Cyborg zu sein, hat Park gewonnen, nachdem ihm ein Cochlea-Implantat eingepflanzt wurde (vgl. Z. 54 f.). Durch dieses hat sich Parks Lebensqualität entscheidend verbessert, denn er kann jetzt wieder hören und ganz normal am öffentlichen Leben teilnehmen. Falzeder ergänzt diese Ausführungen durch den Hinweis, dass in Deutschland schon weitere 30 000 Menschen Cochlea-Implantate tragen.

Beispiel Enno Park: liefert die wesentlichen Informationen

trägt ein Cochlea-Implantat

Verbesserung der Lebensqualität durch Technik

Etwas beiläufig wendet sich der Verfasser anschließend seiner dritten Gesprächspartnerin zu, der Programmiererin Rin Räuber (vgl. Z. 63–73). Sie ist ein Beispiel dafür, wie die Ausstattung des Körpers mit Technik es ermöglicht, „eine sonst unsichtbare Welt" (Z. 72) wahrzunehmen. Denn mit ihrem Magneten in der Fingerspitze spürt sie jedes Mal ein Vibrieren, wenn sie sich elektromagnetischen Feldern nähert.

Beispiel Rin Räuber: Erweiterung der Wahrnehmung durch Magnet im Körper

Für den Autor scheint klar zu sein, dass sich die Cyborgs erst am Anfang einer Entwicklung befinden. Das bringt er mit einigen Sprachbildern zum Ausdruck. Besonders gut zu erkennen

Hauptteil, 3. Teil: *Sprachliche Gestaltung:*

ist das bei der Beschreibung des Amerikaners Tim Cannon: Der sehe sich auf dem „Weg zur Unsterblichkeit" (Z. 4f.), habe dabei jedoch „ein Hindernis zu überwinden" (Z. 5), arbeite daran „Schritt für Schritt" (Z. 10), bleibe dabei aber „auf dem Boden" (Z. 19).

Sprachbilder

Auch mit seiner Wortwahl macht der Verfasser darauf aufmerksam, dass die Teilnehmer des Cyborg-Treffens sich noch in einer Art Versuchsstadium befinden: Sie selbst nennen sich „Body-Hacker" (vgl. Z. 24 f., 40 f.), Falzeder bezeichnet sie als „Bastler" (Z. 25) und beschreibt ihr Experimentieren als ein „Spiel mit dem eigenen Körper" (Z. 75 f.).

Wortwahl

Auf diese Weise macht der Autor in seinem Artikel deutlich, dass eine echte und sinnvolle Verschmelzung von Mensch und Maschine bis jetzt noch eine Zukunftsvorstellung ist. Das spiegelt sich auch in seiner Beschreibung des Treffpunkts der Cyborgs wider: Dieser sieht aus wie eine Raumstation, die „durch einen Zeitreiseunfall vor viereinhalb Milliarden Jahren auf der Erde bruchlandete" (Z. 31–33). Mit diesem bewusst übertriebenen Vergleich kommt zum Ausdruck, dass es wohl noch eine sehr lange Zeit dauern wird, bis die Cyborgs bahnbrechende Fortschritte erzielt haben werden.

anschauliche Beschreibung, bildhafter Vergleich, Übertreibung

Mit einer Gegenüberstellung bringt der Verfasser das im vorletzten Absatz schließlich auf den Punkt: Er sagt, der „Bastler-Realität" (Z. 74 f.) stehe ein „riesiger Science-Fiction-Kosmos gegenüber" (Z. 77 f.). So verweist er darauf, dass man sich schon seit Langem die vielfältigsten Maschinenmenschen vorstellt, dass die bisher erreichten Ergebnisse mit diesen Fantasien aber noch lange nicht mithalten.

Gegenüberstellung

→ Entwicklung noch im Versuchsstadium, Fantasie und Realität klaffen (noch) auseinander

Dass der Verfasser die Aktivitäten und Ideen der Cyborgs trotzdem ernst nimmt, zeigt er einerseits durch seine vielseitige Darstellung, andererseits dadurch, dass er Enno Park die Schlussworte seines Artikels einräumt. So gibt Falzeder zu erkennen, dass er das Thema der Cyborg-Bewegung durchaus für diskussionswürdig hält – immerhin findet er es auch lohnenswert, seine Erkenntnisse darüber in einer Reportage festzuhalten, um so die Leser zu informieren.

Schluss:

Aktivitäten ernst zu nehmen, Bewegung diskussionswürdig

Ü 34: Friedrich Schiller „Der Verbrecher aus verlorener Ehre“ – Eine literarische Figur charakterisieren

Christian Wolf ist die Hauptfigur aus Friedrich Schillers Erzählung „Der Verbrecher aus verlorener Ehre“. Er ist der Sohn eines Gastwirts und wächst in ärmlichen Verhältnissen auf. Nachdem sein Vater gestorben ist, hilft er bis zu seinem 20. Lebensjahr seiner Mutter in der Gastwirtschaft. Später wird er zum Wilddieb.

Einleitung: *Vorstellen der Figur (Name, Familienverhältnisse, sozialer Status, Beruf)*

Schon als Kind wirkt er äußerlich hässlich. Seine Gestalt ist klein und unscheinbar (vgl. Z. 12 f.), sein Haar ist stark gewellt und auffallend dunkel („krauses Haar von einer unangenehmen Schwärze“, Z. 13 f.) und seine Gesichtszüge wirken missgestaltet: Er hat „eine plattgedrückte Nase und eine geschwollene Oberlippe“ (Z. 15 f.). Letztere ist nach dem Schlag durch ein Pferd außerdem verzerrt („aus ihrer Richtung gewichen“, Z. 18).

Aussehen

Durch seine Hässlichkeit wirkt er auf andere Menschen abstoßend, besonders auf Frauen. Er leidet unter seinem unschönen Äußeren, zumal er deshalb von seinen Kameraden gehänselt wird: Seine Erscheinung bietet „dem Witz seiner Kameraden eine reichliche Nahrung“ (Z. 21 f.). Sein Geist ist aber munter und einfallsreich (vgl. Z. 11), außerdem ist er sensibel (vgl. Z. 25). Weil er es nicht erträgt, von anderen immer zurückgewiesen zu werden, versucht er durch freches Verhalten auf sich aufmerksam zu machen. Schon als Schuljunge hält man ihn „für einen losen Buben“ (Z. 7). Mit „seinem erfinderischen Kopfe“ (Z. 10 f.) beeindruckt er aber nur die Jungen. Die älteren Mädchen dagegen beklagen sich nur darüber (vgl. Z. 8 f.).

Hauptteil: *Eigenschaften und Charakterzüge:* *Opfer von Spott* *intelligent, einfallsreich* *sensibel* *frech*

Gerade dem anderen Geschlecht möchte Christian eigentlich gefallen, was ihm aber nicht gelingt. Als er ein Mädchen namens Hannchen umwirbt, weist diese ihn anfangs ab (vgl. Z. 26 f.). Aber er lässt sich nicht entmutigen und sucht nach einem anderen Weg, um sie für sich zu gewinnen. Weil er weiß, dass sie arm ist, will er sie durch Geschenke für sich einnehmen. Dieser Plan zeigt, wie gering Christian sich selbst einschätzt: Er weiß, dass er mit seinem Äußeren ihre Gunst nicht erlangt. Offenbar glaubt er aber auch nicht daran, die junge Frau durch seine Persönlichkeit und seinen Charakter für sich einnehmen zu können. Er hat also keine besonders hohe Meinung von sich selbst. Die Verwirklichung seines Plans ist allerdings schwierig, da er selbst arm ist („ihn selbst drückte Mangel“, Z. 33). Sein vergebliches Bemühen darum, hübsch auszusehen („der eitle Versuch,

möchte gefallen *erfährt Zurückweisung* *lässt sich nicht schnell entmutigen* *geringes Selbstbewusstsein* *arm*

seine Außenseite geltend zu machen", Z. 33–35), hat seine finanzielle Lage noch verschlechtert. Weil er zudem geschäftlich unerfahren ist („unwissend, einem zerrütteten Hauswesen durch Spekulation aufzuhelfen", Z. 37–39) und auch „zu stolz" (vgl. Z. 39), zu „bequem" (Z. 37) und „zu weichlich" (Z. 40), um sich seinen Lebensunterhalt durch harte Arbeit als Bauer zu verdienen, schlägt er einen illegalen Weg ein, indem er zum Wilddieb wird. Den Erlös des verkauften Wildes nutzt er, um davon Geschenke für Hannchen zu kaufen („der Ertrag seines Raubes wanderte treulich in die Hände seiner Geliebten", Z. 49–51).

geschäftlich unerfahren

stolz, bequem, weich, nicht bereit, hart zu arbeiten

wird kriminell

Zwar ist er nicht der Einzige, der den „Ausweg, *honett zu stehlen*" (Z. 46 f.) wählt, genauso machten es auch „Tausende vor ihm und nach ihm" (Z. 44 f.). Durch die Intrigen eines Konkurrenten aber, der ebenfalls um Hannchen wirbt, wird Christian Wolf verhaftet und zu einer Gefängnisstrafe verurteilt. Diese verbüßt er jedoch nicht, sondern kauft sich frei. Damit ist er wieder arm, ein „Bettler" (Z. 78), von dem Hannchen sich erneut abwendet.

Wilderei allgemein üblich

wird Opfer einer List

kauft sich von Gefängnisstrafe frei

wieder arm → erneute Zurückweisung

Aus Not, Eifersucht und gekränktem Stolz fängt er schließlich wieder an zu wildern. Diesmal ist das Motiv seines Handelns aber nicht, ein Mädchen für sich zu gewinnen, sondern die Armut zwingt ihn fast dazu, denn er leidet Hunger (vgl. Z. 84 f.). Christian hat außerdem keine Kontrolle mehr über seine übermächtigen Gefühle. Da er empfindlich ist (vgl. Z. 84), leidet er ganz besonders und er verspürt den Drang, sich zu rächen.

Not und Kränkung führen wieder zur Kriminalität

leidet

impulsiv, keine Kontrolle über Gefühle, Rachegelüste

Christian Wolf ist von Anfang an benachteiligt. Er ist nicht nur auffallend hässlich, sondern wächst auch in ärmlichen Verhältnissen auf und wird früh Halbwaise. Aufgrund seiner Hässlichkeit erfährt er überall nur Zurückweisung. Es verwundert daher nicht, dass sein Selbstwertgefühl gering ist. Der kriminelle Weg, den er einschlägt, ist zwar der falsche und man kann es ihm zum Vorwurf machen, dass er nicht zu harter Arbeit bereit ist. Bedenkt man aber, wie sehr sich Christian Wolf nach Zuwendung und Anerkennung sehnt, kann man sein Verhalten zumindest nachvollziehen, zumal die Wilderei in der Gegend sogar allgemein üblich ist. Dass er erwischt und bestraft wird, hat er der Gemeinheit eines anderen zu verdanken. Der Protagonist ist also sowohl Täter als auch Opfer, wie schon sein Name andeutet: Christian verweist auf das Christentum, der Wolf gilt als böses Tier. Es steckt also beides in ihm: das Gute und das Böse.

Schluss:

Zusammenfassende Beurteilung:

Benachteiligung, Zurückweisung → geringes Selbstwertgefühl

Kriminalität statt harter Arbeit → Fehlverhalten

nachvollziehbar wegen großem Wunsch nach Anerkennung

ist sowohl Täter als auch Opfer

→ gut und böse

Ü 35: Johann Wolfgang von Goethe „Gefunden", Fridolin Tschudi „Das alte Lied" – Einen Textvergleich vorbereiten

1. Thema beider Gedichte ist ein Spaziergang im Wald.

   Hinweis: *Du könntest auch sagen, dass die lyrischen Sprecher einen Waldspaziergang unternehmen, mit dem sie keine besonderen Absichten verbinden.*

2. **„Gefunden"**: Freude, Dankbarkeit
   „Das alte Lied": Vorfreude, Enttäuschung

   Hinweis: *Auch andere Nennungen sind möglich, z. B. Überraschung bei „Gefunden" und Wut oder Entsetzen bei „Das alte Lied". Wichtig ist zu erkennen, dass die Gefühle des lyrischen Ichs im ersten Gedicht positiv sind und die des lyrischen Sprechers im zweiten Gedicht negativ.*

3.

	Goethe: Gefunden	Tschudi: Das alte Lied
a) Es gibt mehrere gleich lange Strophen.	☒	☒
b) Es gibt ein festes Metrum.	☒	☒
c) Das Gedicht weist Reime auf.	☒	☒
d) Es gibt viele Wörter, mit denen man negative Vorstellungen verbindet.	☐	☒
e) Die verwendeten Sprachbilder wecken überwiegend positive Vorstellungen.	☒	☐
f) Das Gedicht enthält Ausrufesätze.	☐	☒

4. Die Gesamtwirkung ist eher … ☒ positiv. ☒ negativ.

   Hinweis: *Die positive Wirkung wird bei dem Gedicht von Goethe auch durch Regelmäßigkeiten in der Form erzeugt (gleich lange Strophen und Verse, festes Reimschema, gleichmäßiges Metrum). Beim Gedicht von Tschudi gibt es zwar auch Regelmäßigkeiten, aber auch ungleichmäßige Formmerkmale, z. B. wenn die Verse ab V. 5 unerwartet länger werden. Das zweite Gedicht enthält außerdem negative Begriffe und Sprachbilder sowie Ausrufesätze, die die negativen Gefühle des lyrischen Ichs (Entsetzen, Wut etc.) hervorheben.*

5. Zur Zeit Goethes gab es weniger Menschen und noch keine Industrie und daher auch keine Umweltverschmutzung. Die Natur war noch weitgehend unberührt. Dementsprechend ist die Grundstimmung in seinem Gedicht positiv: Es kommt die Freude zum Ausdruck, die das lyrische Ich beim Anblick der Natur hat. Das Gedicht von Tschudi hingegen stammt aus dem 20. Jahrhundert, in dem der Mensch sehr stark in die Natur eingegriffen hat.

Der lyrische Sprecher in diesem Text weiß, dass die Umwelt dadurch gefährdet ist. Seine Enttäuschung und Wut hierüber äußert er im Gedicht.

***Hinweis:** Berücksichtige, dass zwischen den Gedichten etwa 200 Jahre liegen.*

Ü 36: Johann Wolfgang von Goethe „Gefunden", Fridolin Tschudi „Das alte Lied" – Einen Textvergleich schreiben

Einleitung:
Benennen des gemeinsamen Themas beider Gedichte
Hinweis auf die grundlegenden Unterschiede

Die Gedichte „Gefunden" von Johann Wolfgang von Goethe und „Das alte Lied" von Fridolin Tschudi stellen beide dar, wie das jeweilige lyrische Ich einen Waldspaziergang erlebt. Für das lyrische Ich in Goethes Gedicht ist dieser Waldspaziergang ein schönes Erlebnis, während er für das lyrische Ich in Tschudis Gedicht zu einer Enttäuschung wird.

Hauptteil:
Analyse des Goethe-Gedichts:
Beschreibung der Form → harmonischer Klang durch Regelmäßigkeiten; Zusammenfassung des Inhalts

Das Gedicht „Gefunden" besteht aus fünf Strophen zu je vier Versen. Aufgrund des gleichmäßigen Metrums (2-hebiger Jambus) und des regelmäßigen Reimschemas (abcb) wirkt bereits der Klang des Textes harmonisch. Der lyrische Sprecher erzählt, wie er bei einem Spaziergang im Wald eine hübsche Blume entdeckt hat. Seine erste spontane Reaktion ist, diese Blume pflücken zu wollen. Doch dann kommt ihm in den Sinn, dass die Blume sofort anfangen würde zu welken, wenn sie von ihren Wurzeln getrennt würde. Deshalb gräbt er die gesamte Pflanze vorsichtig aus und nimmt sie mit zu sich nach Hause, um sie in seinem Garten an einer passenden Stelle wieder einzupflanzen. Dort kann sie weiter wachsen und blühen.

deutende Aussagen:
kein bestimmtes Ziel
Verbundenheit mit der Natur
Schönheit der Blume (Vergleiche)
Personifikation

Der lyrische Sprecher Goethes hat keine besonderen Ziele, als er im Wald spazieren geht („Und nichts zu suchen, / Das war mein Sinn.", V. 3 f.). Er fühlt sich der Natur sehr verbunden. Das zeigt sich insbesondere darin, wie er die Pflanze beschreibt, die ihm aufgrund ihrer leuchtenden Blüten auffällt. Er vergleicht die Schönheit ihrer Blüten nicht nur mit der Leuchtkraft von Sternen („Wie Sterne leuchtend", V. 7), sondern auch mit der Schönheit von Augen („Wie Äuglein schön", V. 8). Auch personifiziert er die Pflanze, indem er der Blume eine Stimme gibt. Als er sie pflücken will, lässt er sie klagend fragen: „Soll ich zum Welken / Gebrochen sein?" (V. 11 f.)

mehrfach Diminutiv
→ Pflanze als etwas Zierliches, Schutzbedürftiges

Indem der lyrische Sprecher mehrmals die Verkleinerungsform (Diminutiv) verwendet („Blümchen", V. 6; „Äuglein", V. 8; „Würzlein", V. 14), bringt er außerdem zum Ausdruck, dass ihn die Pflanze wegen ihrer Zierlichkeit rührt. Zugleich zeigt er damit, dass er in ihr etwas Schutzbedürftiges sieht, dem kein Schaden zugefügt werden soll.

In dem Gedicht Goethes wird deutlich, dass der lyrische Sprecher die Natur schätzt und sie auch schützen will. Um den Anblick der schönen Blume länger genießen zu können, verzichtet er darauf, sie unüberlegt auszureißen. Stattdessen sorgt er dafür, dass die Pflanze in der Nähe seines Hauses unter ihren natürlichen Lebensbedingungen weiter wachsen und gedeihen kann.

lyrischer Sprecher will die Natur bewahren

sorgt für den Erhalt der Lebensbedingung der Blume

Tschudis Gedicht „Das alte Lied“ besteht aus 16 Strophen zu je zwei Versen. Obwohl das Reimschema und das Metrum ebenfalls regelmäßig sind (Paarreim, Jambus), deutet die Aufteilung der Aussagen auf so viele kurze Strophen schon an, dass für den lyrischen Sprecher etwas entzweigegangen sein muss. Dabei scheint er seinen Waldspaziergang mit ähnlichen Erwartungen anzutreten wie der Sprecher in Goethes Gedicht „Gefunden“, denn die ersten Verse von Tschudis Gedicht beginnen mit den gleichen Worten wie das von Goethe: „Ich ging im Walde / so für mich hin, / und nichts zu suchen, / das war mein Sinn.“ (V. 1–4) Dieses Goethe-Zitat zeigt, dass das lyrische Ich glaubt, im Wald eine ähnliche Idylle vorzufinden wie es in Goethes Gedicht der Fall ist. Dass es anders kommt, zeigt sich in der Form: Ab Vers 5 werden die Verse des Gedichts deutlich länger. Der Waldspaziergang wird in Tschudis Text zu einem Schockerlebnis. Statt hübschen Blumen ist vor allem Müll zu sehen, etwa „Konservenbüchsen und Papier“ (V. 8) sowie „vom Rost zerfressenes Metall“ (V. 10). Dieser Unrat, so der Sprecher, könne nicht auf natürlichem Weg, etwa durch den Wind, dorthin gelangt sein (vgl. V. 12), sondern ist von Menschen achtlos hingeworfen und hinterlassen worden („verstreut, verschüttet, hingelegt“, V. 14).

<u>Analyse des zweiten Gedichts</u>:

Reimschema und Metrum regelmäßig, aber viele kurze Strophen → Hinweis auf Zerstörung

gleicher Beginn wie das Gedicht Goethes → lyrischer Sprecher glaubt, ebenfalls eine Idylle vorzufinden

Bruch ab Vers 5: Waldspaziergang wird zu Schockerlebnis, nur Müll zu finden

von Menschen verursacht

Das lyrische Ich in Tschudis Gedicht findet es menschenunwürdig, die Natur in dieser Weise zu verschandeln. So sagt er von den Verursachern des Mülls, sie seien „sozusagen Menschen“ (V. 16). Damit drückt er aus, dass es sich bei den Übeltätern zwar um Menschen handelt, dass sie es aber eigentlich nicht verdienen würden, so genannt zu werden.

Verhalten ist menschenunwürdig

Ausgehend von seinen Erfahrungen bei einem Waldspaziergang nimmt der Sprecher ab Vers 21 eine Verallgemeinerung vor: Überall in der Schweiz finde man am Rand von Wäldern und Wiesen „Dreck“ (V. 21), und auch die Seen würden von den Menschen so verschmutzt, dass sie für Pflanzen und Tiere keinen Lebensraum mehr böten (vgl. V. 23–26).

Verallgemeinerung: Verschandelung der Natur überall in der Schweiz

Am Schluss erinnert das lyrische Ich ganz direkt an das Goethe-Gedicht „Gefunden“. Es erklärt, dass zu Beginn seines Spaziergangs seine Stimmung „goethisch-heiter" (Z. 30) gewesen sei; „nach all dem Unrat ringsumher" (V. 32) habe sich das aber grundlegend geändert.

Waldspaziergang hinterlässt bei Tschudi keine heitere Stimmung

Schluss/Ergebnis:

Gedichtvergleich zeigt Umweltveränderung:

Am Vergleich dieser beiden Gedichte kann man erkennen, dass sich im Laufe der letzten 200 Jahre vieles in unserer Umwelt geändert hat. Zu Zeiten Goethes, im 18./19. Jahrhundert, gab es praktisch noch keine Umweltverschmutzung. Deshalb kann der lyrische Sprecher Goethes seinen Waldspaziergang ohne Einschränkungen genießen. Damit dies auch so bleibt, sorgt er dafür, dass sich nichts Grundlegendes ändert und er trägt durch sein Verhalten zum Erhalt der Natur bei. Das harmonische Gedicht mit seinen positiv wirkenden Sprachbildern vermittelt dem Leser die Schönheit, die es zu entdecken, beachten und schützen gilt.

zu Zeiten Goethes keine Umweltverschmutzung

→ Gedicht als Erinnerung an die Schönheit der Natur

Der lyrische Sprecher Tschudis dagegen empfindet angesichts des vielen Mülls Entsetzen, wenn er sich in die Natur begibt. Die Verunreinigungen z. B. von Wald, Wiesen und Seen bedrücken ihn so sehr, dass er an nichts anderes mehr denkt als an die Zerstörung der Natur durch die Menschen. Der „goethisch-heitere Sinn" ist dem lyrischen Ich dabei verloren gegangen. Insofern kann das Gedicht als Kritik verstanden werden, aber auch als Mahnung und Appell an den Leser, mehr auf die Umwelt zu achten und sie zu schützen.

in Tschudis Gedicht Zerstörung der Natur

→ Gedicht als Kritik und Mahnung

Ü 37: „Nebenjobs für Schüler" – Ein Argument ausformulieren

These

Begründung

Veranschaulichung durch Beispiele

Weitere Erläuterungen zur Begründung

Schlussfolgerung / Bekräftigung

<u>Es ist nicht gut, wenn Schüler nachmittags einen Nebenjob annehmen</u>. Denn dann können sie sich weniger intensiv auf die Schule konzentrieren. Nach sechs bis acht Stunden Unterricht sind die Jugendlichen erst einmal erschöpft. Doch dann warten noch weitere Pflichten auf sie: Es müssen in der Regel Hausaufgaben gemacht werden und vielleicht erwarten die Eltern auch Hilfe im Haushalt. Wenn ein Schüler zusätzlich arbeitet, um Geld zu verdienen, besteht die Gefahr, dass ihm diese Zeit und Energie fehlen, wenn es ums Lernen für die Schule geht. Darunter leiden dann möglicherweise seine Leistungen, und im schlimmsten Fall ist sogar der Schulabschluss gefährdet. <u>Jugendliche sollten also besser keinen Nebenjob annehmen, solange sie noch die Schule besuchen</u>.

Ü 38: „Strafe für Eltern von Schulschwänzern?" – Stellungnahme schreiben

Einleitung:
Benennen der eigenen Position

Ich finde es nicht richtig, wenn Eltern, deren Kinder die Schule schwänzen, das Kindergeld entzogen wird. Das wäre der falsche Weg – und er würde nichts bewirken.

Hauptteil:
Entkräften eines möglichen Arguments der Gegenposition (zu Stichpunkt Nr. 9)

Zwar sind tatsächlich in erster Linie die Eltern dafür verantwortlich, dass ihre Kinder die Schulpflicht erfüllen, und der Staat kann deshalb nur ihnen gegenüber aktiv werden. Ich kann mir allerdings nicht vorstellen, dass es Väter oder Mütter gibt, die bewusst gegen diese Pflicht verstoßen. Dabei geht es nicht so sehr um die Erfüllung einer Pflicht – auch wenn das Gesetz es so bestimmt –, sondern darum, dass der Schulbesuch für die persönliche Entwicklung extrem wichtig ist. Welcher Erwachsene würde es also darauf anlegen, die eigenen Kinder vom Unterricht fernzuhalten und ihnen damit langfristig zu schaden? Wahrscheinlicher ist, dass ein Kind anfängt zu schwänzen, weil es Probleme hat – z. B. mit Lehrern, Mitschülern oder Eltern. Durch Geldstrafen lassen sich solche Probleme nicht lösen.

Erstes Argument (zu Stichpunkt Nr. 3)

Viel wichtiger wäre es herauszufinden, welches die Gründe sind, die einen Schüler dazu bringen, die Schule zu schwänzen. Es kann z. B. sein, dass ein Kind in der Schule gemobbt wird und sich nicht traut, mit seinen Eltern darüber zu reden, weil es sich vielleicht dafür schämt, Mobbingopfer zu sein. Um seinen Peinigern nicht weiter ausgesetzt zu sein, vermeidet es dann den Besuch der Schule. Vor seinen Eltern hält der Betreffende dies aber geheim, denn sie sollen nichts von den Problemen mit den Mitschülern erfahren. Würde man diesen Eltern nun das Kindergeld entziehen, dann hätte das Kind doppelte Schwierigkeiten: Zu den Problemen mit den Mitschülern kämen noch die Probleme mit den Eltern hinzu. Die Lage wäre also nicht entschärft, sondern verschlimmert.

Zweites Argument (zu Stichpunkt Nr. 4)

Eine bessere Alternative wäre es deshalb auch, wenn der Klassenlehrer oder die Klassenlehrerin die betroffenen Eltern kontaktieren würde. Dabei darf sich der Kontakt allerdings nicht darin erschöpfen, den Eltern einen Brief nach zu Hause schicken und ihnen so mitzuteilen, dass ihr Kind mehrmals unentschuldigt gefehlt hat. Dies würde vermutlich nicht viel ändern. Zwar würde es daraufhin wohl zu einem Gespräch zwischen Eltern und Kind kommen. Aber es ist nicht zu erwarten, dass das Kind sein Verhalten daraufhin unmittelbar ändert; bei der nächsten Gelegenheit wird es dem Unterricht wahrscheinlich wieder fernbleiben. Das bessere Vorgehen wäre ein intensives persönliches Gespräch der Lehrkraft mit den Eltern und evtl.

auch mit dem Schüler oder der Schülerin, um gemeinsam nach den Gründen für das Schulschwänzen zu forschen und um möglichst Abhilfe zu schaffen. Das wäre wirkungsvoller als der Entzug des Kindergeldes.

Drittes Argument (zu Stichpunkt Nr. 7)

Zudem stellt sich die Frage, ob die Forderung des Kindergeldentzugs überhaupt durchsetzbar ist. Denn eine solche Strafe würde die betroffenen Eltern nicht gleichermaßen treffen. Wohlhabende Eltern dürften eine Streichung des Kindergelds vermutlich gut verkraften. Für arme Haushalte hingegen ist das Kindergeld oft eine wichtige finanzielle Einkunft, die hilft, den Lebensunterhalt der Familie zu sichern. Wenn dies gestrichen würde, hätten alle Familienmitglieder darunter zu leiden, also beispielsweise auch Geschwisterkinder, und nicht nur die Eltern, die auf diese Weise bestraft werden sollten, weil ihr Kind nicht regelmäßig zur Schule geht. Es ist also fraglich, ob man diese Maßnahme rechtlich durchsetzen könnte, da sie gegen den Gleichheitsgrundsatz verstößt. Den Schulschwänzern wäre mit juristischen Streitigkeiten jedenfalls nicht geholfen.

Ergebnis: *Bekräftigung der eigenen Position*

Aus diesen Gründen plädiere ich dafür, Schüler, die regelmäßig dem Unterricht fernbleiben, auf andere Weise wieder an den Schulbesuch heranzuführen. Ich denke, dass die wenigsten Schulschwänzer grundlos einen Bogen um die Schule machen, wo sie ja z. B. auch ihre Freunde treffen. Entscheidend ist deshalb in meinen Augen, die Gründe für das Schwänzen aufzudecken und dann eine Lösung zu finden. Den Eltern das Kindergeld zu entziehen halte ich für keine hilfreiche Maßnahme.

Ü 39: „Kinderarbeit" – Einen informierenden Text verfassen

Schreibplan:

Zwischenüberschriften	Einzelinformationen	Material/ Quellen
Einleitung Hinführung (Beispiel, Definition)	Kinderarbeit heute, z. B. Schuhputzer in Indien • Arbeit von Kindern unter 15 Jahren • regelmäßiges Arbeiten für Geld	M 3 M 1 M 1

Hauptteil (1) Verbreitung und Häufigkeit	• überwiegend in Entwicklungsländern, vor allem in Lateinamerika und Afrika, im Nahen Osten sowie in Asien	M 4
	• 168 Millionen Kinderarbeiter weltweit (im Alter von 5–17 Jahren)	M 4
	• 85 Millionen davon gehen gefährlicher Arbeit nach	M 4
	• größte Anzahl arbeitender Kinder in Asien und im Pazifikraum: 77,7 Millionen	M 4
	• Anteil mit 21,4 % in Afrika südlich der Sahara mit Abstand am größten	M 4
Hauptteil (2) Ursachen	• Armut, wirtschaftliches Ungleichgewicht in der Welt (Beispiel Schuhputzer in Indien)	M 5, M 3
	• Eltern oft verschuldet, Kinder auch „Schuldknechte“	M 5
	• Kinder müssen Eltern unterstützen	M 3, M 5
	• kulturell bedingt: Arbeit wird von Kindern erwartet (als Zeichen der Dankbarkeit)	M 5
	• Bürgerkriege, Krankheiten → Kinder oft Waisen, müssen sich allein durchschlagen	M 5
Hauptteil (3) Folgen	• gesundheits- oder sogar lebensgefährlich	M 2, M 4
	• kein Schulbesuch → mangelnde Bildung, keine Berufsausbildung	M 2, M 3, M 5
	• keine Zukunftsperspektive, da kein Entrinnen aus der Armut	M 5
Hauptteil (4) Gegenmaßnahmen	• Engagement von Hilfsorganisationen vor Ort, Alternativen/Perspektiven bieten	M 2, M 6
	• Verbraucherverhalten: beim Einkauf auf Fair-Trade- oder Sozialsiegel achten	M 6
	• Großverbraucher wie Betriebe, Vereine etc. sensibilisieren	M 6
Schluss Appell	Bitte an Zuhörer, künftig beim Einkaufen auf Produktionsbedingungen von Waren zu achten, möglich: Preiserhöhungen; Was ist wichtiger: niedrige Preise oder Rechte von Kindern?	M 6

Einleitung: Hinführung zum Thema: aktuelle Situation

Kind sein – das bedeutet für die meisten von uns: in einer Familie leben, Zeit zum Spielen haben, sich mit Freunden treffen. Doch die Wirklichkeit sieht für viele Kinder anders aus, und zwar weltweit. Ihr Alltag besteht aus Arbeit. Tag für Tag sind sie in der Landwirtschaft oder in der Industrie tätig oder sie erbringen Dienstleistungen, z. B. indem sie als Schuhputzer schuften.

Definition von Kinderarbeit: Alter unter 15 – regelmäßiges Arbeiten – Zweck: Geld verdienen

Man spricht von Kinderarbeit, wenn Kinder unter 15 Jahren regelmäßig einer Erwerbsarbeit nachgehen. Entscheidend ist dabei nicht nur das Alter; von Bedeutung sind vor allem die Häufigkeit des Arbeitens und der Zweck. Kinderarbeiter arbeiten regelmäßig, also Tag für Tag, und sie tun es, um Geld zu verdienen. Oft helfen sie dabei, Produkte herzustellen, die später auf dem Weltmarkt verkauft werden. Man weiß z. B., dass manche Teppiche von Kinderhand geknüpft sind.

Hauptteil (1): Verbreitung von Kinderarbeit: vor allem in Entwicklungsländern

Kinderarbeit gibt es vor allem in Entwicklungsländern, das heißt in Asien, dem Nahen Osten, Afrika und Lateinamerika. Weltweit müssen über 168 Millionen Kinder und Jugendliche arbeiten, 85 Millionen davon sogar unter gefährlichen Bedingungen. Dazu gehören bereits Kinder im Alter von fünf Jahren.

mehr als 168 Mio. weltweit, größter Anteil in Afrika

Die größte Zahl an Kinderarbeitern findet man in Asien und im Pazifikraum (77,7 Millionen). Gemessen an allen Kindern und Jugendlichen, die in diesen Regionen leben, macht das einen Anteil von 9,3 Prozent aus. Im Vergleich zu Afrika ist das allerdings noch eine recht geringe Zahl. Dort, genauer gesagt, südlich der Sahara, beträgt der Anteil der Kinder, die arbeiten, sogar 21,4 Prozent. In diesem Teil Afrikas geht also mehr als jedes fünfte Kind aus Erwerbsgründen arbeiten.

Hauptteil (2): Ursachen von Kinderarbeit: vor allem Armut – Schulden der Eltern → „Schuldknechtschaft“

Freiwillig geschieht das bei den meisten Kindern nicht, sondern sie arbeiten aus der Not heraus. Ihre Eltern sind oft so arm, dass sie ihre Familie von dem Geld, das sie mit ihrer eigenen Arbeit verdienen, nicht ernähren können. In Südostasien kommt es auch vor, dass Eltern hoch verschuldet sind; dann müssen ihre Kinder mitarbeiten, um diese Schulden nach und nach abzubezahlen. Eine solche „Schuldknechtschaft“ kann von Generation zu Generation weitergegeben werden.

auch kulturell bedingt – Bürgerkriege, Aids → auf sich gestellte Waisenkinder

Kinderarbeit kann auch kulturelle Hintergründe haben. In einigen Gegenden erwarten Eltern einfach von ihren Kindern, dass diese arbeiten, um sie zu unterstützen und so ihre Dankbarkeit zu zeigen. In anderen Ländern wiederum, in denen Bürgerkrieg herrscht oder in denen die Krankheit Aids verbreitet ist, sind viele Kinder Waisen. Sie müssen sich dann selbst durchschlagen und sind deshalb gezwungen zu arbeiten.

Die Folgen des täglichen Arbeitens für die Kinder sind fatal: Zunächst einmal kann die Gesundheit der Kinderarbeiter geschädigt werden. Viele Arbeiten, die von Kindern ausgeführt werden, gelten als gefährlich. Weltweit gehen 85 Millionen Kinder einer solchen gefährlichen Tätigkeit nach.

Hauptteil (3):
Folgen von Kinderarbeit: Gesundheitsschäden, Gefahr

Ein weiteres Problem ist, dass arbeitende Kinder nicht zur Schule gehen können. Das führt dazu, dass sie keinen Schulabschluss bekommen und anschließend auch keine richtige Berufsausbildung machen können. So setzt sich die Armut in den Familien immer weiter fort: Ohne Ausbildung können die Kinder später als Erwachsene nur einfache Arbeiten ausführen, die schlecht bezahlt werden, und bleiben arm.

kein Schulbesuch, keine Berufsausbildung → Armut setzt sich fort

Einige Hilfsorganisationen wie z. B. „terre des hommes" engagieren sich vor Ort dafür, dass Kinderarbeit abgeschafft wird. Sie wollen z. B. erreichen, dass die Einhaltung von Gesetzen, die Kinderarbeit verbieten, besser überwacht wird, oder sie gründen Schulen.

Hauptteil (4):

Maßnahmen gegen Kinderarbeit: Engagement von Hilfsorganisationen

Auch in Europa haben Verbraucher die Möglichkeit, etwas gegen Kinderarbeit zu tun: Sie können beim Einkaufen darauf achten, dass die ausgewählten Produkte nicht von Kinderhand gefertigt wurden. Dabei helfen bestimmte Siegel, z. B. das Siegel „Fair Trade": Waren, die dieses Zeichen tragen, wurden unter fairen Bedingungen hergestellt und gehandelt, also ohne Mithilfe von Kinderarbeitern. Bei Artikeln, die kein Siegel tragen und die aus einem Entwicklungsland stammen, z. B. aus Burkina Faso, kann man den Geschäftsführer gezielt danach fragen, ob das Produkt nicht von Kinderarbeitern hergestellt wurde. Auf diese Weise macht man zumindest auf dieses Problem aufmerksam.

Macht der Verbraucher: beim Einkauf auf Fair-Trade-Produkte achten, auf das Problem aufmerksam machen

Es wäre schön, wenn Sie alle künftig beim Einkauf etwas bewusster darauf achten würden, keine Produkte mehr zu kaufen, die aus Kinderhand stammen. Je mehr Kunden zeigen, dass sie nicht damit einverstanden sind, Kinder an der Herstellung von Waren zu beteiligen, umso eher kann es gelingen, Kinderarbeit zumindest einzudämmen. Es ist zwar möglich, dass dadurch die Preise einiger Produkte steigen, denn Kinderarbeiter werden besonders schlecht bezahlt, um die Herstellungskosten zu senken. Aber was ist wichtiger – Schnäppchenpreise oder Kinderrechte?

Schluss:
Appell an die Zuhörer: keine Produkte kaufen, die von Kindern hergestellt wurden

Ü 40: Reinhold Ziegler „Marathon“ – Produktiv-kreative Texte schreiben

1. **Tagebucheintrag:**

Datum

Heute bin ich – wie so oft – mit Daniel gelaufen. Es war furchtbar – und am Ende doch gut für uns beide.
Daniel ist übers Wochenende bei uns zu Besuch. Heute Nachmittag saßen wir zusammen bei Kaffee und Kuchen. Die Stimmung war eigenartig. Wir kamen einfach nicht ins Gespräch miteinander. Allenfalls redeten wir über Belanglosigkeiten, z. B. übers Wetter. Das belastete mich.
Also fragte ich Daniel, ob wir gemeinsam laufen gehen sollten. Er stimmte sofort zu und schlug, ohne lange nachzudenken, einen Marathon vor. Ich habe zwar keine Übung im Marathonlauf, war aber einverstanden. Schließlich wollte ich mich nicht lumpen lassen. Immerhin bin ich mein Leben lang gelaufen, da werde ich auch eine Marathonstrecke schaffen, dachte ich. Los ging's also.
Was ich mal wieder typisch fand: Daniel kam einfach nicht ins Tempo, zuckelte von Anfang an gemütlich hinter mir her. Meine Güte!, dachte ich. Kann er nicht mal ein bisschen zulegen? Immer wieder schaute ich mich nach ihm um und rief ihm wie üblich meine Ermunterung zu: Auf, auf! Aber Daniel blieb völlig ungerührt und behielt sein gemächliches Tempo bei. Kein Wunder, dass er sich nicht für Olympia qualifizieren konnte!, dachte ich bei mir.
Dann aber, nach einigen Kilometern, merkte ich, wie das Laufen nicht mehr so leicht ging. Meine Kräfte ließen nach, die Füße kamen mir vor wie Blei und mir blieb die Puste weg. Bloß keine Schwäche zeigen!, sagte ich mir und quälte mich weiter. Um von mir abzulenken – und weil ich sicher war, dass auch Daniel bald nicht mehr konnte –, forderte ich ihn auf vorauszulaufen. Das tat er zu meiner Verblüffung auch. Wie selbstverständlich zog er an mir vorbei. Doch damit nicht genug: Er zog auch noch das Tempo an. Das konnte doch nicht sein! Da zuckelte er die ganze Zeit hinter mir her und legte dann plötzlich los, zu einem Zeitpunkt, als ich schon fix und fertig war!
Dann fiel mir wieder ein, dass er sich ja seit einiger Zeit auf Marathon spezialisiert hatte. Er hat ja wirklich was drauf, dachte ich ein bisschen überrascht, während ich krampfhaft versuchte, mit ihm mitzuhalten. Keuchend schleppte ich mich hinter ihm her, aber der Abstand zwischen uns wurde immer größer ... Irgendwann konnte ich es nicht mehr verhindern: Ich fing

an zu taumeln – und klappte dann auf der Wiese zusammen. Es kam mir vor, als wäre ich kurz vorm Sterben.
Während ich dalag, kamen mir die schlimmsten Gedanken. Hatte Daniel etwa genau das beabsichtigt, meinen Zusammenbruch? Zwar stützte mich, als ich mich erbrach, aber er wirkte dabei so ungerührt. Er sah mich nur so seltsam an, fast wie einen Fremden. Was war los mit ihm?
Plötzlich dämmerte es mir: Er hatte den Spieß umgedreht! Hatte es mir einmal zeigen, mich demütigen wollen! Wahrscheinlich, weil ich ihn immer wieder zum Laufen gedrängt hatte und weil er am Ende doch nicht erfolgreich war. Wahrscheinlich hatte er eine richtige Wut auf mich, weil ich es gewesen war, der ihn zum Laufen gebracht hatte, und weil es ihm jetzt so vorkommen musste, als ob alle seine Anstrengungen vergeblich waren. Womöglich hasste er mich sogar.
Als ich allmählich wieder Luft kriegte, fragte ich ihn ganz direkt: So sehr hasst du mich? Gleichzeitig fürchtete ich mich vor seiner Antwort. Nicht mehr, sagte er nur.
Lange saßen wir schweigend dort auf der Wiese. Aber dann kamen wir doch noch ins Gespräch, ganz allmählich. Und auf einmal brach es richtig aus ihm heraus: dass er es immer gehasst habe, laufen zu müssen, dass er dazu gar keine Lust gehabt habe, dass er es nur meinetwegen getan habe, dass er nicht gut als Läufer sei, dass er nun endgültig mit dem Laufen aufhören werde, dass sein Leben verpfuscht sei usw.
Das war ein Schock! Ich hatte doch nur sein Bestes gewollt. Ich hatte doch gespürt, wie begabt der Junge war, wollte, dass er sein Potenzial nutzte. Und jetzt das!
Irgendetwas habe ich wohl falsch gemacht. Habe ich vielleicht mehr an mich gedacht als an ihn? Wollte ich mich in seinem Erfolg sonnen? Immerhin hatte er ja durchaus Erfolge, als Vierzehnjähriger zum Beispiel, beim Fünftausendmeterlauf … War ich so blind, all die Jahre? Warum hat er denn nicht früher etwas gesagt?
Klar ist: Ich muss noch einmal mit ihm reden. In Ruhe. Ich hoffe, er kommt nächstes Wochenende wieder. Dann setzen wir uns zusammen und sprechen uns aus. Und gelaufen wird dann nicht!

2. **Persönlicher Brief:**

Datum

Hallo Vater,

du glaubst nicht, wie froh ich bin, dass wir beide nach so langer Zeit endlich offen miteinander geredet haben!

Es tut mir echt leid, dass du gestern so leiden musstest. Ich will ehrlich sein: Ja, ich hatte es darauf angelegt, dich zu quälen. Ich wollte dir einfach mal zeigen, wie es ist, wenn man tun muss, was ein anderer will, auch wenn man das eigentlich gar nicht möchte.

Im Nachhinein weiß ich, dass es falsch war, dich so herauszufordern. Es war mir schon klar, dass du einen Marathon gar nicht schaffen konntest. Erstens bist du nicht mehr der Jüngste, und zweitens hast du nie auf Marathon trainiert. Das konnte nur schiefgehen. Aber das wollte ich ja auch.

Heute geht mir das Bild von dir auf der Wiese nicht aus dem Sinn. Ich sehe dich vor mir: mit hochrotem Kopf, fix und fertig. Glaub mir: *Das* habe ich nicht gewollt.

Du fragtest mich dann ganz plötzlich, ob ich dich so sehr hassen würde, und du weißt, dass ich „Nicht mehr" antwortete. Das klingt so, als hätte ich dich früher immer gehasst. Inzwischen habe ich noch einmal darüber nachgedacht, und ich muss sagen, dass das nicht richtig ist. Gehasst habe ich nur das Laufen, zu dem du mich immer gedrängt hast. Dabei hatte ich die ganze Zeit das Gefühl, dass es dir gar nicht um mich ging, sondern eher um dich. Anderen hast du regelmäßig von meinem Talent erzählt. Voller Stolz. Und hast mich spüren lassen, was du von mir erwartetest: Ich sollte als Leistungssportler Karriere machen, sollte bei Olympia mitmachen, Siege einfahren. Der Druck, den du so aufgebaut hast, war riesig. Ich war schließlich noch ein Kind!

Mein Leben lang war ich in einem Dilemma: Auf der einen Seite hatte ich keine Lust zum Laufen. Es macht mir einfach keinen Spaß. Und ich ahnte irgendwie, dass ich darin nicht gut war. Auf der anderen Seite du: mit deinen unglaublich hohen Erwartungen, mit deinem unerschütterlichen Glauben an meine künftigen Erfolge. Ich hätte sie dir gerne verschafft. Ich wünschte mir ja deine Anerkennung.

Wie schön war es, von dir gelobt zu werden bei meinem Sieg im Fünftausendmeterlauf, damals, als ich vierzehn war! Du warst so stolz auf mich. Wie hätte ich da sagen können: „Ich will nicht mehr laufen"? Ich wollte dich nicht enttäuschen, also habe ich weitergemacht… Selbst nach der

verpatzten Olympiaqualifikation blieb ich dabei. Ich stieg auf Marathon um und war tatsächlich gar nicht so schlecht darin – aber eben auch nicht so gut, dass es für eine Profikarriere reichte.
Jetzt stehe ich da und stelle fest, dass ich mein ganzes Leben aufs Laufen ausgerichtet habe. Wenn ich ehrlich bin, weiß ich gar nicht, was mich sonst noch interessieren könnte. Nur eins ist mir klar: Das Laufen ist nicht mein Ding! Ich höre ab sofort damit auf. Ich will noch einmal von vorne anfangen, das Studienfach wechseln, einen Beruf erlernen, der mich interessiert. Warum ich dir das alles nicht früher gesagt habe? Ich war mir lange selbst nicht im Klaren darüber. Erinnere dich mal: Schon als Fünfjähriger musste ich ständig mit dir laufen: zum Bäcker, zum Einkaufen, abends mit dem Hund. Hast du das vergessen? Seit ich denken kann, redetest du mir ein, dass ich ein künftiger Sieger wäre, dass ich nur hart genug trainieren müsste, um es zu schaffen … Ich kam gar nicht auf die Idee, etwas anderes zu tun oder zu wollen, als das, was du mir eingeredet hast!
Aber genug damit! Jetzt endlich weißt du, was ich dir schon längst sagen wollte und wie es mir tatsächlich geht. Und ich glaube, das tut uns beiden gut. Denn das habe ich gestern Abend schon gemerkt: Wenn das Laufen nicht mehr zwischen uns steht, kommen wir einander näher.
Ich werde am nächsten Wochenende noch einmal zu euch kommen, damit wir Zeit haben, noch mal in Ruhe miteinander zu reden. Und dieses Mal freue ich mich auch auf den Besuch!

Bis bald, liebe Grüße
Daniel

Ü 41: Reinhold Ziegler „Marathon" – Geschickt formulieren

Überarbeitete Textstellen sind grau hinterlegt.

Von da an hat sich die Beziehung zu meinem Vater vollkommen geändert. ~~Das heißt nicht, dass wir nicht mehr zusammen gelaufen sind. Natürlich sind wir weiter zusammen gelaufen, denn~~ Zwar laufen wir weiter zusammen, denn daran waren wir gewöhnt, solange ich zurückdenken kann. Das Problem war nur, dass wir sonst fast nichts zusammen ~~gemacht~~ unternommen haben. Vor allem haben wir nie richtig miteinander geredet, jedenfalls nicht über ~~Zeug, das uns bewegt hat~~ Themen, die uns	*guter Einstieg!* *doppelte Verneinung unschön* *Tempus: Warum Perfekt?* *Wiederholung („zusammen gelaufen")* *Ausdruck: besser treffendere Wortwahl* *Ausdruck: Umgangssprache*

bewegten. Ich erinnere mich eigentlich nur an das ewige „Auf, auf!“, mit dem mein Vater mich immer antrieb~~, und daran~~. Ich werde nie vergessen, dass er mir immer einzureden versuchte, eine Olympiahoffnung zu sein. Jetzt erst verstehe ich, dass mein Vater im Grunde gar keine Probleme mit mir hatte, ~~dadurch~~ sondern mit sich selbst. Es ging nie wirklich darum, dass ich nicht die Erfolge erzielte, die er sich gewünscht hätte~~, sondern er hatte Probleme mit sich selbst~~. Irgendwann hatte er schlagartig begriffen, dass er keinen Sinn in seinem Leben sah, …

Tempus: Warum Perfekt?
Hier besser neuen Satz anfangen, sonst zu lang.

Unübersichtliche Satzkonstruktion, bitte auf zwei Sätze aufteilen.
Wiederholung („Probleme“) gute Formulierung

Ü 42: Reinhold Ziegler „Marathon“ – Zitate gezielt einsetzen

1. a) Mit dieser Aussage drückt der Ich-Erzähler aus, dass er die anderen Läufer weniger als Konkurrenten denn als Leidensgenossen gesehen hat. In seinen Augen haben sie alle eines gemeinsam gehabt: Sie <u>mussten</u> laufen – und das musste ihnen auch noch Spaß machen. Das ist eigentlich ein Widerspruch: Spaß kann man nicht erzwingen. Entweder kommt er von selbst – oder es gibt ihn nicht.

   b) Anscheinend sind die Medien davon ausgegangen, dass der Ich-Erzähler nach seinem Sieg im Fünftausendmeterlauf nur noch Erfolge haben würde, denn sie haben ihm eine große Karriere als Läufer vorausgesagt. Sie haben ihn sogar schon als Teilnehmer der Olympischen Spiele gesehen und haben offensichtlich erwartet, dass er auch dort einen Sieg einfahren würde.

   c) Die Fremdheit, die der Ich-Erzähler daheim bei seinen Eltern empfindet, ist darauf zurückzuführen, dass die entscheidenden Probleme unausgesprochen bleiben. Er weiß, dass er seinen Vater enttäuscht hat, weil er sich nicht für Olympia qualifizieren konnte. Aber er schafft es nicht, das zur Sprache zu bringen. Auch seine früheren Erfolge mag er nicht ansprechen. So steht sein Misserfolg wie eine Barriere zwischen ihm und seinen Eltern, und er fühlt sich fremd bei ihnen.

2. a) „Ob ich meinen Vater schon hasste, als ich auf die Welt kam, bezweifle ich.“ (Z. 1 f.)

   b) „Und dann mein Vater, wie er zu anderen redete: ‚Der Junge hat Talent‘, höre ich. ‚Aus dem wird mal was‘, höre ich.“ (Z. 41–43)

c) „Komm, lass uns laufen, sagte mein Vater, noch immer, ohne zu begreifen, wie sehr ich auch diesen Satz hasste.“ (Z. 128–130)

d) „Ich wollte ihn umbringen, wollte ihn winseln hören, wollte seine Ausflüchte hören [...]“ (Z. 150–152)

e) „Ich drehte ihn um, stützte ihm die Stirn, verschaffte ihm mehr Luft.“ (Z. 178–180)

3. Vater und Sohn sind einander am Schluss nähergekommen. Die letzten Worte des Ich-Erzählers lauten: „Dann trabten wir zurück. Ganz ruhig, fast gelassen. Nebeneinander.“ (Z. 199–201) Damit bringt er zum Ausdruck, dass sich das Verhältnis zwischen ihm und seinem Vater geändert hat. Jetzt sieht er seinen Vater nicht mehr als denjenigen an, der ihn ständig antreibt, denn dieser läuft nicht mehr voraus und ruft ihm nicht mehr sein „Auf, auf!“ zu. Stattdessen sagt der Ich-Erzähler, dass die beiden „ruhig, fast gelassen“ nach Hause traben, und zwar nicht hintereinander, sondern nebeneinander. Endlich begegnen sie sich also auf Augenhöhe; der Sohn fühlt sich seinem Vater ebenbürtig.

Ü 43: Richtig schreiben

l**ä**cheln	l**a**chen	Beh**ä**lter	h**a**lten
Hem**d**	Hem**d**en	Fä**h**re	fa**h**ren
Gestan**k**	stin**k**en	belie**b**t	belie**b**ig
Gestal**t**	Gestal**t**en	Lei**d**	lei**d**en
Stau**b**	stau**b**ig	Bar**t**	(die) Bär**t**e

Ü 44: „Einfache Mittel verbessern den ‚Durchfluss‘“ – Rechtschreibregeln kennen

[...] Fussgänger zeigen ein viel komplexeres verhalten als Autofahrer.
Das entstehen spontaner Staus auf dicht befarenen Autobahnen kann man inzwischen sehr gut erkleren: Ein einziger unaufmerksamer Fah-

*Fußgänger: **stimmloser** s-Laut nach **lang gesprochenem** Vokal*

*ein ... Verhalten: Großschreibung eines **Nomens** (das Verhalten)*

*Das Entstehen: **nominalisiertes** Verb*

*befahrenen: Wortstamm „fa**h**r-“*

*erklären: Wortstamm „kl**a**r“*

rer, der plözlich stark bremmst, genügt. Fußgänger sind im vergleich dazu deutlich schwiriger zu modellieren.
Menschen laufen nicht in fessten Spuren, bleiben auch gern mal Stehen, wechseln spontan die richtung und versuchen, großem Gedrenge aus dem Weg zu gehen.
Je genauer Wissenschaftler Pasanten simulieren können, umso besser lassen sich Gebeude, Kreuzfahrt Schiffe oder Bahnhöfe planen.
Unnötiges Gedrenge oder gar Panik werden so vermiden. Modellrechnungen haben Beispielsweise gezeigt, dass einfache Mittel den „Durchfluss“ an Not Ausgengen verbessern können. Ein Pfeiler genükt, denn er spalltet die schibende Menschenmasse. So singt der Druck auf die Tür, durch die sich alle so schnell wie möglich zwengen wollen.
Aber nicht immer ist der einzelne Spielball der wogenden Maße. Bei entsprechend viel Platz kann sich ein Fußgänger nähmlich auch entscheiden, nach rechts oder lings auszuweichen, stehenzubleiben oder umzukehren.

*plötzlich: tz nach **kurz gesprochenem** Vokal;*
*bremst: kein Doppelkonsonant vor **weiterem Konsonanten**;*
*im Vergleich: Großschreibung eines **Nomens** (der Vergleich);*
*schwieriger: **langer i-Laut** in der Regel als „ie“ zu schreiben*

*festen: kein Doppelkonsonant vor **weiterem Konsonanten***

*bleiben … stehen: Kleinschreibung eines **Verbs** (stehen)*
*die Richtung: Großschreibung eines **Nomens***
Gedränge: wegen „Drang“
*Passanten: Doppelkonsonant nach **kurz gesprochenem** Vokal*

Gebäude: Wortstamm „bau-(en)“
*Kreuzfahrtschiffe: ein Wort, bezeichnet nur **eine Sache***
Gedränge: s. o.
*vermieden: **langer i-Laut** in der Regel als „ie“ zu schreiben*
*beispielsweise: Kleinschreibung eines **Adverbs***

*Notausgängen: ein Wort, da nur **eine Sache**/Bedeutung, „Ausgänge“ wegen Wortstamm „(Aus-) Gang“*

*genügt: wegen „genügen“; spaltet: kein Doppelkonsonant vor **weiterem Konsonanten**; schiebende: **langer i-Laut** in der Regel als ie zu schreiben*
sinkt: wegen „sinken“

zwängen: Wortstamm „Zwang“
*der Einzelne: Großschreibung eines **Nomens** (nicht bezogen auf „Spielball“); Masse: **stimmloser** s-Laut nach **kurzem Vokal** als ss zu schreiben*

nämlich: Wortstamm „Name“
links: verlängerbar zu „linke“ (z. B. „der linke Weg“)

Quelle: Holger Dambeck, SPIEGEL online vom 7. 6. 2010; www.spiegel.de/wissenschaft/mensch/0,1518,699080,00.html

Ü 45: „Schotten leben gefährlich“ – Kommaregeln kennen

In Schottland lebt einer neuen Studie zufolge fast jeder Erwachsene mit einem bedeutenden Gesundheitsrisiko, mehr als die Hälfte haben sogar drei oder mehr Risikofaktoren. Die Forscher der Universität Glasgow untersuchten die fünf lebensgefährlichen Angewohnheiten Rauchen, Trinken, Bewegungsmangel, schlechte Ernäh-

Hauptsätze

Aufzählung

rung und Übergewicht und fanden heraus, dass niemand es den Schotten bei deren Anhäufung gleichtut. „Schotten leben gefährlich“, sagte David Conway, Leiter der jetzt veröffentlichten Studie. „Nur 2,5 Prozent der Bevölkerung tragen überhaupt keine Risikofaktoren“, sagte Conway in einem Interview.

Haupt- und Nebensatz
Hauptsätze; nachgestellte Erläuterung
Hauptsätze

Die im Wissenschaftsjournal „BMC Public Health“ veröffentlichte Forschungsarbeit befasst sich mit einem neuen wissenschaftlichen Ansatz, bei dem nicht nur einzelne Risikofaktoren, sondern auch deren Anhäufung untersucht wird. „Ungesunde Verhaltensweisen bündeln sich, die Kombination ist dabei synergetisch, dadurch steigt das allgemeine Risiko unverhältnismäßig an“, bedauert Conway. [...]

Haupt- und Nebensatz
Gegensatz
Hauptsätze; Hauptsätze
Hauptsätze

Grundlage der Studie war eine staatliche Gesundheitsumfrage aus dem Jahr 2003, Daten lagen für 6 574 Männer und Frauen vor. Als gefährdet stuften die Wissenschaftler beispielsweise Menschen ein, die zum Zeitpunkt der Befragung rauchten, Männer, die mehr als 24 Gramm, und Frauen, die mehr als 16 Gramm Alkohol pro Tag zu sich nahmen. Als fettleibig galten Menschen mit einem Body-Mass-Index (BMI) von über 30. [...]

Hauptsätze
Haupt- und Nebensatz, Aufzählung; eingeschobener Nebensatz; Haupt- und Nebensatz

Obwohl Conway mit einem wenig ermutigenden Ergebnis rechnete, wurde er vom Ernst der Lage doch überrascht. Mehr als 85 Prozent der Erwachsenen hatten mindestens zwei Risikofaktoren, 55 Prozent hatten sogar drei und fast ein Fünftel brachte es sogar auf alle fünf. Die am weitesten verbreitete Angewohnheit war schlechte Ernährung [...]. Zehn Prozent der Befragten waren sowohl Raucher als auch starke Trinker, von diesen zehn Prozent hatten sich drei Viertel noch zwei oder drei weitere Risikofaktoren zugelegt.

Haupt- und Nebensatz
Aufzählung / Hauptsätze
Hauptsätze

Als mögliche Ursachen werden soziale und wirtschaftliche Faktoren vermutet – Menschen aus den ärmsten Gegenden mit dem schlechtesten Bildungsstand lebten am ungesündesten. [...]

Quelle: AFP; www.n-tv.de/wissen/Schotten-leben-gefaehrlich-article917387.html

Kompetenz Sprachwissen und Sprachbewusstsein

Ü 46: Wortarten unterscheiden

Die **Digitalisierung** schreitet stetig voran. **Deutlich** wird das **überall**, auch in
Nomen Adjektiv Adverb (1)

manchen Haushalten. In *Smart Homes* **können** die Bewohner **ihr** Leben in vielen
Pronomen (2) Verb (3) Pronomen (4)

Bereichen per Knopfdruck regeln. **In diesen** Häusern stehen **schon intelligente**
Nomen Präposition Pronomen (5) Adverb (6) Adjektiv

Kühlschränke, **die** den Besitzern Bescheid geben, **wenn ein bestimmtes**
Pronomen (7) Konjunktion Artikel Adjektiv

Lebensmittel fehlt. **Vieles** kann man **sogar** allein **mit** seiner Stimme regeln, z. B.
Pronomen (8) Partikel Präposition

das **Einschalten** von Licht **oder das** Abspielen von Musik. Dafür **sorgen** Sprach-
Nomen (9) Konjunktion Artikel Verb

assistenten wie **Alexa**. Allerdings sollte man das **Gerät lieber** ausschalten, falls
Eigenname Nomen Adverb (10)

man **es** nicht nutzen **will**. **Sonst** kann es passieren, **dass** das, was man sagt,
Pronomen (11) Verb (12) Adverb (13) Konjunktion

außerhalb der eigenen **vier** Wände mitgehört **wird**. Das will **wohl** niemand.
Präposition Artikel Adjektiv Verb (14) Partikel

Hinweis: *1) „überall": Lokaladverb (Ortsbezeichnung); 2) „manchen": Indefinitpronomen (unbestimmte Menge); 3) „können": Modalverb; 4) „ihr": Possessivpronomen (besitzanzeigend); 5) „diesen": Demonstrativpronomen (hinweisend); 6) „schon": Temporaladverb (zeitliche Angabe); 7) „die": Relativpronomen (Bezugswort „Kühlschränke"); 8) „vieles": Indefinitpronomen (unbestimmte Menge); 9) „(das) Einschalten": nominalisiertes Verb; 10) „lieber": Modaladverb (Grad der Aussage); 11) „es": Personalpronomen (Stellvertreter für „das Gerät"); 12) „will": Modalverb; 13) „sonst": Modaladverb (Einschränkung); 14) „wird": Hilfsverb*

Ü 47: Den Kasus von Nomen bestimmen

die Geschenke: **Nominativ** (Plural), **Akkusativ** (Plural)
den Löwen: **Akkusativ** (Singular), **Dativ** (Plural)
der Frage: **Genitiv** (Singular), **Dativ** (Singular)

Ü 48: „Krähen sind extrem clevere Werkzeugnutzer" – Die Kasus verstehen

Krähen können komplizierte Aufgaben[1] mit Hilfe von Werkzeugen lösen […]. Wissenschaftler in Neuseeland haben mit einem Experiment[2] gezeigt, dass die Tiere ihre Hilfsmittel höchst strategisch zum Einsatz[3] bringen. Der Versuchsaufbau erinnert an ein Geschicklichkeitsspiel[4]: Um an die Belohnung[5] heranzukommen, muss man eine Kiste mit einem Loch[6] öffnen. Dafür braucht man einen langen Stock. Doch der liegt in einer Gitterbox[7]. Und nur mit Hilfe[8] eines zweiten, kleineren Stocks[9] lässt er sich dort herausmanövrieren. Dumm nur, dass dieses so dringend benötigte Hölzchen an einer Schnur von der Decke[10] hängt …
Um an Fleisch[11] zu kommen, können Geradschnabelkrähen […] diese Aufgaben[12] jedoch durchaus bewältigen, wie Forscher […] gezeigt haben.

1 *Akkusativ; lösen*
2 *Dativ; mit*
3 *Dativ; zum*
4 *Akkusativ; an (ein)*
5 *Akkusativ; an (die)*
6 *Dativ; mit*
7 *Dativ; in (einer)*
8 *Dativ; mit*
9 *Genitiv; mit Hilfe*
10 *Dativ; von*
11 *Akkusativ; an (das)*
12 *Akkusativ; bewältigen*

Quelle: Christoph Seidler/ddp, SPIEGEL Online 21.4.2010; www.spiegel.de/wissenschaft/natur/kognitive-faehigkeiten-kraehen-sind-extrem-clevere-werkzeugnutzer-a-690186.html

***Hinweis:** Bei Präpositionen wie „in" und „an" hängt der Kasus, den sie fordern, von der Bedeutung ab: Wird Bewegung ausgedrückt (z. B.: wohin? in das Haus), folgt nach diesen Präpositionen der Akkusativ; wenn ein Zustand gemeint ist (z. B.: wo? in dem Haus), folgt der Dativ.*

Ü 49: „Auch Haie haben Angst" – Verwendungsweisen von Adjektiven

Auch Haie haben Angst

Weiße Haie gelten als die Könige der Weltmeere. Doch	*Attribut*
Forscher haben nun erstaunt festgestellt, dass sich der	*Adverb*
große Meeresräuber wohl vor einem anderen Tier	*Attribut*
gehörig fürchtet: dem Orca.	*Adverb*
Indem sie die Haie mit GPS-Sendern ausstatteten, über-	
wachten die amerikanischen Wissenschaftler die Tiere	*Attribut*
ganz genau. Vor der Küste von San Francisco, wo die ge-	*Adverb*
fräßigen Raubfische häufig See-Elefanten jagen, konnten	*Attribut*
sie wichtige Erkenntnisse gewinnen. Orcas kommen hier	*Attribut*
nur ab und zu auf ihren weiten Wanderungen vorbei.	*Attribut*
Tauchten die Schwertwale jedoch auf, verließen die Haie	
schlagartig die Gewässer und flüchteten eilig hinaus aufs	*Adverb; Adverb*
offene Meer. Die weißen Haie haben solche Angst vor	*Attribut; Attribut*
den Orcas, dass sie auch nicht so schnell wieder zurück-	*Adverb*
kehrten: Oft trauten sie sich ein Jahr lang nicht mehr zu-	

rück in ihr altes Jagdrevier – und das, obwohl die Orcas meist schon nach einer Stunde wieder weiterzogen. *Attribut*
Für die jungen See-Elefanten ist das Zusammentreffen der beiden Raubfischarten in ihrem Lebensraum ein Segen. Statt 40 Jungtieren erbeuteten die Haie in Jahren, in denen sich Orcas zeigten, nur noch magere 25 % davon. *Attribut* *Attribut*

Ü 50: „Vom Startloch zum Startblock" – Pronomen bestimmen

Heute wäre es schwierig, Startlöcher in die modernen Kunststoff-Laufbahnen zu graben. Als die Leichtathleten noch auf Asche liefen, war das allerdings durchaus üblich, jedenfalls auf den Kurzstrecken. Für die erfand der amerikanische Trainer Mike Murphy 1887 den Tiefstart aus der Hocke.	*Demonstrativpronomen* *Demonstrativpronomen*
Bei diesem Start bringt der Sprinter mehr Kraft auf die Bahn. Er erreicht daher eine höhere Beschleunigung, allerdings besteht auch die Gefahr, dass ihm dabei die Füße wegrutschen. Deshalb war es üblich, dass die Sportler kleine Schäufelchen mit zum Rennen brachten und sich ihre individuellen Startlöcher gruben.	*Demonstrativpronomen* *Personalpronomen* *Personalpronomen* *Reflexivpronomen, Possessivpronomen*
Das war nicht nur den Platzwarten ein Dorn im Auge, die anschließend die Bahn wieder glätten mussten, die Sportler konnten sich auch verletzen, wenn ihr Fuß am Rand des Startlochs hängen blieb. Es war wieder ein amerikanischer Trainer, George Bresnahan, der im Jahr 1927 den Startblock zum Patent anmeldete – eine genial einfache Erfindung, die sich bis heute nur unwesentlich verändert hat.	*Demonstrativpronomen, Relativpronomen* *Reflexivpronomen, Possessivpronomen* *Relativpronomen* *Relativpronomen, Reflexivpronomen*
Aber die Mühlen der Sportbürokratie mahlen langsam. Während sich die Startblöcke in den USA schnell verbreiteten, betrachtete der internationale Leichtathletikverband IAAF die Entwicklung mit Argwohn.	*Reflexivpronomen*
Zeitweise wurden zwei Weltrekorde geführt, mit und ohne Blöcke. Bei den Olympischen Spielen in Berlin 1936 war schließlich Jesse Owens der letzte Sprint-Olympiasieger, der mit Schäufelchen zum Rennen ging und seine eigenen Startlöcher buddelte. Erst 1937 akzeptierte die IAAF die neue Starthilfe.	*Relativpronomen* *Possessivpronomen*

Quelle: Christoph Drössler, in: Die Zeit vom 12. 5. 10; www.zeit.de/2010/20/Stimmts-Sprinter

Hinweis: *Welcher Art von Pronomen die Wörter „der", „die" und „das" zugeordnet werden müssen, hängt von ihrer Verwendung im Satz ab.*

Ü 51: Die Konjugation von Verben verstehen

	Singular	Plural	über sich	über andere	zu jemandem
kommt	✗	✗		✗	✗
frage	✗		✗		
folgst	✗				✗
erscheinen		✗	✗	✗	
sieht	✗			✗	
wissen		✗	✗	✗	
vergesst		✗			✗
bleibt	✗	✗		✗	✗

Hinweis: *Die Formen „**kommt**" und „**bleibt**" können sich auf eine oder mehrere Personen beziehen (z. B. „er kommt": 3. Person Singular, „ihr kommt": 2. Person Plural). Das bedeutet zugleich, dass der Sprecher über jemanden sprechen kann – oder zu mehreren Personen. Deshalb müssen in diesen Zeilen insgesamt vier Kreuze gemacht werden. Die Formen „**erscheinen**" und „**wissen**" sind nur im Plural möglich. Es kann hier aber sein, dass mehrere Sprecher über sich selbst reden (z. B. „wir erscheinen": 1. Person Plural) oder, dass über mehrere Personen gesprochen wird (z. B. „sie erscheinen": 3. Person Plural). Deshalb müssen in diesen Zeilen drei Kreuze stehen.*
Imperativformen sind in der Tabelle nicht berücksichtigt.

Ü 52: „Die Broken-Windows-Theorie" – Die Tempora des Verbs bestimmen

Die Verwahrlosung eines Stadtviertels beginnt mit einer zer-	*Präsens*
brochenen Fensterscheibe, die niemand repariert. Das besagt	*Präsens; Präsens*
die sogenannte „Broken-Windows-Theorie", die Stadtplaner	
vor Jahren in den USA entwickelt haben. Auch Müll, der auf	*Perfekt*
dem Bürgersteig gelandet ist und einfach dort liegen bleibt,	*Perfekt; Präsens*
trägt dazu bei, dass eine Gegend verkommt. Eine Person, die	*Präsens; Präsens*
durch eine solche Straße geht, sagt sich vielleicht: „Ich werde	*Präsens; Präsens; Futur I*
doch nicht den Dreck wegmachen, den andere verursacht	*Perfekt*
haben!" Oder sie fügt den schon entstandenen Schäden oder	*Präsens*
Verunreinigungen noch weitere hinzu.	
Wahrscheinlich glaubt sie: „Auf mich kommt es ja nicht an.	*Präsens; Präsens*
Andere haben ja auch schon ihren Unrat hinterlassen." So	*Perfekt*
wird sie ihre leere Cola-Dose einfach fallen lassen. Und nach	*Futur I*
einiger Zeit wird das ganze Viertel heruntergekommen sein.	*Futur II*
Das Nachsehen haben die Bürger, die dort wohnen. Sie hatten	*Präsens; Präsens*
sich ihr Leben dort bestimmt anders vorgestellt.	*Plusquamperfekt*

Hinweis: *Bei einigen Verben handelt es sich um trennbare Verben. Achte darauf, dass du beide Teile unterstrichen hast: „trägt … bei", „fügt … hinzu", „kommt … an".*

Ü 53: Weltraumforschung – Aktiv und Passiv beherrschen

1. a) Rasante Fortschritte sind von der Weltraumforschung gemacht worden.
   b) Inzwischen werden schon Roboter von den Forschern zum Mars geschickt.
   c) Wichtige Informationen sollen von den Robotern gesammelt werden.
   d) Eines Tages wird der Mars von den ersten Astronauten angeflogen werden.

   Hinweis: *Satz* ***a)*** *steht im Perfekt,* ***b)*** *und* ***c)*** *stehen im Präsens, und bei Satz* ***d)*** *handelt es sich um das Tempus Futur I.*

2. Die russische Weltraumagentur Roskosmos und die europäische ESA (European Space Agency) haben ein Experiment organisiert: Sechs Männer werden für einen Zeitraum von 520 Tagen in einen Container eingesperrt. Während dieser langen Zeit verfolgen Kameras jeden ihrer Schritte. Die Aufzeichnungen werden zu Forschungszwecken genutzt. Auf diese Weise wird erprobt, welche Belastungen die Crewmitglieder während einer Expedition zum Mars ertragen müssen. Die Bedingungen im All inszenierten die Forscher möglichst real. Nur auf die Schwerelosigkeit wird verzichtet.

Ü 54: Den Konjunktiv richtig verwenden

1. Schüler Tom sagt, manchmal sei es im Unterricht so langweilig, dass er ständig gähnen müsse. Er wisse nicht, weshalb. Aber er könne das einfach nicht unterdrücken. Es überkomme ihn einfach. Komischerweise scheine Gähnen ansteckend zu sein. Denn kaum habe er damit angefangen, da würden seine Mitschüler es ihm nachmachen. Das finde er seltsam.

2. b) Britta **würde** gern einen interessanten Beruf **erlernen**.
   c) Sie **würde** gern viel Geld **verdienen**.
   d) Sie **führe** gern ein Cabrio.
   e) Sie **nähme** gern Reitunterricht.
   f) Sie **würde** gern einen netten Mann **kennenlernen**.
   g) Sie **würde** gern eine Traumhochzeit **feiern**.
   h) Sie **würde** gern eine Familie **gründen**.
   i) Sie **flöge** gern nach Neuseeland.
   j) Sie **hätte** gern genügend Freizeit.

Ü 55: Satzglieder bestimmen

a)

Lachen	ist gesund.
↑	↑
Subjekt	Prädikat

b)

Diese Erkenntnis	haben	Forscher	schon vor langer Zeit	gewonnen.
↑	↑	↑	↑	↑
Objekt	Präd. (a)	Subjekt	Adverbiale	Prädikat (b)

c)

Lachen	lockert	die Muskeln	und	setzt	Glückshormone	frei.
↑	↑	↑		↑	↑	↑
Subjekt	1. Prädikat	1. Objekt		2. Präd. (a)	2. Objekt	2. Präd. (b)

d)

Kinder	beherrschen	diese Gefühlsäußerung	am besten.
↑	↑	↑	↑
Subjekt	Prädikat	Objekt	Adverbiale

e)

Laut wissenschaftlichen Untersuchungen	lachen	Kinder
↑	↑	↑
Adverbiale	Prädikat	Subjekt

rund 400 Mal	am Tag.
↑	↑
Adverbiale	Adverbiale

***Hinweis:** Im zweiten Satz ist das Prädikat zweiteilig (a/b), im dritten Satz gibt es zwei Prädikate, wobei das zweite Prädikat aus einem trennbaren Verb besteht, sodass von ihm auch zwei Teile (a/b) benannt werden müssen.*
Die Konjunktion „und" im dritten Satz verbindet die beiden Prädikate und ist selbst kein Satzglied.
Dass die Formulierung „rund 400 Mal am Tag" aus zwei Adverbialen besteht, zeigt die Umstellprobe. Es ist nämlich möglich, die Wortgruppe zu zerlegen, ohne dass der Sinn dadurch verloren geht, z. B. so: „Am Tag lachen Kinder laut wissenschaftlichen Untersuchungen rund 400 Mal." Die Worte „rund 400 Mal" benennen außerdem eine Häufigkeit (wie oft?), während die Worte „am Tag" die Dauer angeben (wann? während welcher Zeit?).

Ü 56: „Flugstaffel Walsrode" – Haupt- und Nebensätze unterscheiden

1. […] Trotz des Regens sind die Bänke an der Bühne fast voll besetzt. Eine Schulklasse ist in den Vogelpark Walsrode gekommen, und ein paar Familien mit Kindern sind da. Gespannt starren sie alle auf einen großen Baum. Dann plötzlich schießt ein schwarz gefiederter Vogel unter den tief hängenden Ästen hervor. Er segelt ein Stück über den Rasen und landet elegant auf dem Unterarm seines Trainers German Alonso.

Der Truthahngeier Sherlock ist bereit für seine Mission: Er soll ein Leichentuch aufspüren, das Alonso kurz zuvor in einem Rasenloch versteckt hat. Sherlock springt auf den Rasen und schreitet auf und ab. Nur wenige Augenblicke später zupft er mit seinem Schnabel die Beute hervor. Er hat seinen Auftrag ausgeführt.
Das Leichentuch hat eine Medizinische Hochschule geliefert, die nicht genannt werden will. Zu makaber könnte das Spektakel wirken, wenn man nicht den tieferen Sinn kennt: Alonso soll seinem Geier beibringen, Leichen aufzuspüren. Der Auftrag dazu kam vor drei Jahren von höchster Stelle [...]. Bisher helfen speziell ausgebildete Spürhunde bei der Leichensuche. Hunde verfügen über 300 Millionen Riechzellen in der Nase, denen auch viele Jahre alte Spuren nicht entgehen. Das Problem besteht darin: Nur mit geschlossener Schnauze können Hunde alle Duftspuren orten, nach fünfzehn Minuten Einsatz brauchen sie eine Pause. Ein Leichenspürhund kann deshalb nur maximal 100 Quadratmeter am Tag absuchen. Falls er auf unwegsamem Terrain eingesetzt wird, schafft er sogar noch weniger. [...]

Quelle: Nadine Querfurth, in: Zeit Wissen 1/2010; www.zeit.de/zeit-wissen/2010/01/Geier-im-Polizeidienst

Hinweis: *Es gibt insgesamt nur fünf Nebensätze: drei Relativsätze und zwei Konjunktionalsätze. Alle anderen Sätze sind Hauptsätze, weil das finite Verb jeweils auf der zweiten Satzgliedposition steht.*

2.

	Satzreihe	Satzgefüge
a) Man weiß nicht, wie erfolgreich das Training von Truthahngeiern sein wird.	☐	☒
b) Es gibt nämlich nur wenige dieser Geier, denn sie werden nur selten gezüchtet.	☒	☐
c) Ob Truthahngeier zwischen dem Geruch toter Tiere und toter Menschen unterscheiden können, ist auch noch unklar.	☐	☒
d) Es kann sein, dass sie im Ernstfall statt eines toten Menschen nur tote Mäuse finden.	☐	☒
e) Die Treffsicherheit der Vögel muss erst genau geprüft werden, und das kann noch einige Zeit dauern.	☒	☐

Ü 57: Sätze verbinden

a) Die Betriebe klagen zunehmend darüber, dass nicht mehr genügend Bewerber für Lehrstellen zur Verfügung stehen.

b) Während die Anzahl der Abiturienten gestiegen ist, gibt es einen Rückgang bei den Schulabgängern an Haupt- und Realschulen.

c) Die Abiturienten möchten lieber an einer Universität studieren, denn die Lehrstellen in einem Betrieb haben an Attraktivität verloren.

d) Bei der Firma Siemens ist die Zahl der Bewerber deutlich gesunken, deshalb werben inzwischen sogar große Betriebe um Auszubildende.

e) Man sollte sich auf ein Bewerbungsgespräch vorbereiten, auch wenn/obwohl es nicht mehr so viele Konkurrenten um einen Ausbildungsplatz gibt.

f) Der erste Eindruck ist oft entscheidend, darum sollte man angemessen gekleidet sein.

Ü 58: Relativsätze bilden

a) Bei jedem Surfen im Internet hinterlassen wir Spuren, die sich nicht so leicht löschen lassen.

b) Es handelt sich stets nur um ein paar Daten, die unser Computer speichert und preisgeben kann.

c) Manchmal sind es nur einzelne Wörter, die wir in Suchmaschinen eingegeben haben.

d) Bewerber, die allzu private Daten im Internet hinterlassen haben, können in einem Vorstellungsgespräch einen schlechten Eindruck machen.

e) Inzwischen geben viele Chefs die Namen der Bewerber, die sich bei ihnen vorstellen sollen, in eine Suchmaschine ein.

f) Ein Chef wird einem Bewerber, von dem er im Internet peinliche Fotos entdeckt hat, kein großes Vertrauen entgegenbringen.

Ü 59: „Letzte Chance für ein normales Leben“ – ‚das‘ und ‚dass‘ unterscheiden

Wer einmal notorischer Blaumacher ist, findet nur	
schwer zurück in die Schule. In Berlin gibt es ein Inter-	
natsprojekt, **das** notorischen Schwänzern	*Relativpronomen*
helfen soll, diesen Teufelskreis zu durchbrechen.	
Das ist ihre letzte Chance.	*Demonstrativpronomen*
Sie sind zwischen 12 und 16 Jahre alt und kommen aus	
Berlin-Neukölln. Eines haben die Jungen und Mädchen	
gemeinsam: **dass** sie die Schule zuletzt nur selten	*Konjunktion*
besuchten. **Das** hat sich inzwischen geändert.	*Demonstrativpronomen*
Denn jetzt lernen sie im Internat „Leben und Lernen“.	
Von Sonntagabend bis Freitagnachmittag werden die	
Schüler dort ganztags betreut. Ganze 2 400 Euro kostet	
das pro Schüler – monatlich. Die Eltern zahlen	*Demonstrativpronomen*
davon **das**, was **das** Familienein-	*Demonstrativpron., Artikel*
kommen zulässt. Den Rest trägt **das** Jugendamt.	*Artikel*
Das entscheidet auch, wer aufgenommen wird –	*Demonstrativpronomen*
gemeinsam mit den Mitarbeitern der Wohngruppe und	
den Lehrern.	
Ziel des Projekts ist es, **dass** sich die Kinder an	*Konjunktion*
klare Strukturen gewöhnen. Um die Gewohnheiten zu	
durchbrechen, setzt **das** Internat auf Tagesstruk-	*Artikel*
turen mit wenig persönlichen Rückzugsmöglichkeiten.	
Mit Ausnahme eines Einzelzimmers gibt es nur Doppel-	
zimmer. Die aber sind so ausgestattet, **dass** jeder	*Konjunktion*
einen eigenen Schreibtisch und etwas Platz für per-	
sönliche Dinge hat.	
Die Nutzung des Telefons wird nur eingeschränkt erlaubt,	
das gilt auch für Handys. Klar geregelt ist,	*Demonstrativpronomen*
dass die Schüler zu einer bestimmten Zeit auf-	*Konjunktion*
stehen müssen und **dass** sie den Putzdienst für	*Konjunktion*
die Zimmer und Gemeinschaftsräume leisten müssen.	
Einfach ist die Arbeit nicht [...]. Denn wer im Internat	
lebt, steigt nicht automatisch ins normale Schulleben ein.	
Das ist ein Entwicklungsprozess [...].	*Demonstrativpronomen*

Quelle: Mandy Hannemann, news.de 2009, www.news.de/gesellschaft/855026951/letzte-chance-auf-ein-normales-leben (gekürzt und leicht geändert)

Kompetenz Hörverstehen

Ü 60: „Zwischen Bingo und Seifenduft" – Hörverstehen zu einem Sachbeitrag

1. Im Hörbeitrag geht es um einen Boys' Day, an dem Jungen einen Tag lang Erfahrungen in einem typischen Frauenberuf sammeln.

2. Aufgenommen wurden Redebeiträge in …

   [X] einem Kosmetikladen.

   [X] einem Altenheim.

3. **Aussagen**

Aussagen	trifft zu	trifft nicht zu
a) Sie servieren ihnen das Mittagessen.	[ ]	[X]
b) Sie hören sich ihre Geschichten an.	[X]	[ ]
c) Sie spielen mit ihnen Bingo.	[X]	[ ]
d) Sie lesen ihnen vor.	[ ]	[X]
e) Sie begleiten sie beim Einkaufen.	[ ]	[X]
f) Sie gehen mit ihnen kegeln.	[X]	[ ]
g) Sie leisten Pflegedienste bei ihnen.	[ ]	[X]

Hinweis: *Du darfst nur diejenigen Auswahlantworten als richtig angekreuzt haben, zu denen in dem Hörbeitrag tatsächlich etwas gesagt wird.*

4. [X] Es riecht dort ganz anders.

5. Die Teilnehmer …

   [X] finden ihre Erfahrungen ganz interessant.

6. a) Der Radiobeitrag will …

   [X] informieren und unterhalten.

   b) Die Hörer werden darüber informiert, dass es erstmals für Jungen einen sogenannten „Boy's Day" gab, bei dem sie die Möglichkeit bekamen, einen Eindruck von einem typischen Frauenberuf zu erhalten. Da die Darstellung am Beispiel mehrerer Jungen erfolgt, wirkt der Beitrag nicht nur informativ, sondern auch unterhaltsam.

Ü 61: „Hauptsache weit“ – Hörverstehen zu einem literarischen Text

1. Der Junge befindet sich …

   ☒ in Asien.

   Hinweis: *Im Text heißt es, dass er für 1 000 Dollar drei Monate lang durch Thailand, Indien und Kambodscha reisen wollte (vgl. Z. 23–26). Außerdem sagt er sich: „[…] und jetzt aber Asien.“ (Z. 22). Also muss er sich in Asien befinden.*

2. Der Junge hat eine weite Reise angetreten, um nach der Schulzeit eine Zeit lang Spaß zu haben und etwas Aufregendes zu erleben.

   Hinweis: *Vgl. seine ungeduldige Frage: „Warum kommt der Spaß nicht?“ (Z. 12) An einer anderen Stelle heißt es, er beklage die Enge zu Hause und wolle etwas erleben (vgl. Z. 26 f.).*

3. Die Freunde wollten wissen, …

	trifft zu	trifft nicht zu
ob sein Geld reichen würde.	☐	☒
ob sie mitkommen könnten.	☐	☒
ob seine Eltern das erlauben würden.	☐	☒
ob er keine Angst habe.	☒	☐

   Hinweis: *Vgl. Z. 38–30*

4. ☒ Nein, der Junge hat sein Ziel nicht erreicht.

   Begründung: Es ist ihm nur schlecht ergangen. Er beklagt, die ganze Zeit keinen Spaß gehabt zu haben. Stattdessen hat er immer wieder an Durchfall gelitten. Außerdem sehnt er sich nach seiner vertrauten Umgebung, z. B. danach, dass er im Fernsehen wieder die bekannten Stars sehen kann.

   Hinweis: *Dass es ihm schlecht ergangen ist, wird deutlich an diesen Worten: „Magen gegen Tom Yan, Darm gegen Curry. Immer verloren die Eingeweide.“ (Z. 20 f.)*

5. a) Es handelt sich um …

   ☒ eine Kurzgeschichte.

   b) **Begründung:** Der Text weist typische Merkmale einer Kurzgeschichte auf, z. B.: Er ist relativ kurz und die Handlung erstreckt sich über einen begrenzten Zeitraum. Zwar spielt das Geschehen in Asien, aber trotzdem ist der Protagonist ein normaler junger Mann und kein besonderer Held. Anfang und Schluss sind offen. Weiter ergibt sich ein Wendepunkt, als der Junge über das Internet Kontakt zur Heimat und zu seinen Freunden aufnimmt.

Lösungen

Original-Prüfungsaufgaben

Realschulabschluss/ Sekundarabschluss I

Abschlussprüfung Deutsch 2020

Allgemeiner Hinweis

In aller Regel gibt es keinen Grund, über die Hautfarbe einer Person zu sprechen. Wenn man aber über das Thema Rassismus berichten möchte, ist es sehr wichtig, dass man auf die richtige Wortwahl achtet, um niemanden zu verletzen. Man sollte daher nur Begriffe verwenden, die Menschen mit Rassismuserfahrungen selbst für sich gewählt haben. Beachte: Es geht hier nicht darum, welche Hautfarbe ein Mensch hat, sondern darum, ob die Person rassistische Erfahrungen gemacht hat.
Wenn es um Rassismus geht, ist der politisch korrekte Begriff ***Schwarze / Schwarz****, denn diese Bezeichnung haben Schwarze Menschen selbst für sich gewählt. Sie wurden nicht zuerst von anderen so genannt. Um zu zeigen, dass es sich hier nicht um die Farbe handelt, sondern um Rassismuserfahrungen aufgrund der Hautfarbe, wird Schwarz in diesem Fall auch mit großem „S" geschrieben. Im Gegenzug wird „weiße" Menschen kursiv oder in Anführungsstriche gesetzt, um deutlich zu machen, dass auch hier nicht die Farbe gemeint ist. Als „weiß" wird bezeichnet, wer nicht aufgrund seines Aussehens oder seiner Herkunft diskriminiert wird.*
Eine Alternative ist die Selbstbezeichnung ***People of Color*** */* ***Menschen of Color****. Dazu zählen nicht nur Schwarze, sondern auch andere, die wegen ihrer Hautfarbe oder Herkunft Erfahrungen mit Rassismus machen. Und auch dieser Ausdruck wird in der Regel kursiv geschrieben, weil es nicht um eine wirkliche Farbe geht.*
Aber Vorsicht: Farbige / farbig sollte man nicht verwenden, denn diesen Begriff haben sich Schwarze Menschen nicht selbst ausgesucht. Er stammt aus der Zeit des Kolonialismus und ist negativ besetzt. Auch Dunkelhäutige / dunkelhäutig finden viele Schwarze als Begriff nicht gut, weil auch diese Bezeichnung die „weißen" Menschen den Schwarzen gegeben haben.

Hauptteil 1: Hörverstehen

Hinweis: *Beim Hörverstehen sollst du zeigen, dass du die wesentlichen Inhalte eines Hörtextes sowie die Absicht, die damit verfolgt wird, erfassen kannst. In den Aufgaben werden von dir sowohl die knappe Zusammenfassung des Inhalts als auch die Wiedergabe von Details in Form von Beschreibungen und Multiple-Choice-Aufgaben verlangt.*
Der Hörverstehensbeitrag wird dir zweimal vorgespielt. Konzentriere dich beim ersten Hören auf das grobe Textverständnis: Worum geht es? Was ist das zentrale Thema? Um welche Beitragsart handelt es sich? Wer spricht?
Mache dir beim zweiten Hören Notizen. Erfasse dieses Mal Einzelheiten, z. B. Abläufe von Ereignissen, Aufzählungen, Meinungen einzelner Personen oder die Erklärung von Begriffen. Beschränke dich bei deinen Notizen auf Stichworte.

1. In dem Radiobeitrag geht es um den Umgang mit Alltagsrassismus. Einleitend werden die Erlebnisse des Basketballexperten André Voigt während eines Fußballspiels wiedergegeben. Er kritisiert in einem Facebook-Video rassistische Sprüche einiger Fußballfans und das fehlende Einschreiten

anderer Fans um ihn herum. Dieser Video-Post ist Anlass für ein Interview eines Radiomoderators mit Ansgar Drücker, dem Geschäftsführer des Zentrums für Antirassismusarbeit. In dem Interview wird der Umgang mit Rassismus in unserem Alltag genauer erläutert.

Hinweis: *Dir ist sicherlich aufgefallen, dass der Radiobeitrag zweigeteilt ist: Zu Beginn kommt der Basketballexperte André Voigt zu Wort und im Anschluss führt der Sprecher ein Interview mit dem Geschäftsführer des Zentrums für Antirassismusarbeit.*
Nenne in deiner Zusammenfassung in einem einleitenden Satz das gemeinsame Thema („Umgang mit Alltagsrassismus") und gehe dann auf die beiden Teile des Beitrags separat ein. Ein bis zwei Sätze pro Teil reichen dabei völlig.

2. Während eines Fußballländerspiels, das André Voigt im Stadion mit seiner Familie verfolgt, hört er von Fans in seiner Nähe rassistische Beleidigungen über zwei deutsche Nationalspieler mit Migrationshintergrund. Nach und nach beteiligen sich immer mehr Menschen und äußern beleidigende Sprüche. Zum Entsetzen von André Voigt schreitet niemand ein und widerspricht.

   Hinweis: *Nun ist dein Detailverständnis gefragt. Bei dieser Aufgabe sollst du die Gründe für André Voigts Entsetzen bei dem Fußballspiel herausstellen, die dazu geführt haben, dass er ein Video bei Facebook veröffentlicht hat. Vgl. Z. 4–23.*

3. ☒ Rückfragen stellen, um zum Nachdenken anzuregen
   ☒ Verbündete suchen, um bei Bedarf Unterstützung zu bekommen

   Hinweis: *Hier musst du zeigen, dass du genau hingehört hast, welche Reaktionsmöglichkeiten der Interviewpartner Ansgar Drücker genannt hat. Es geht hierbei <u>nicht</u> um deine eigenen Ideen. Vgl. Z. 59–62 und Z. 93–95.*

4. Eine Reaktion ist abhängig vom eigenen Mut und dem eigenen Selbstvertrauen. Es spielt eine Rolle, ob man die Situation als sicher oder unsicher einschätzt.

   Hinweis: *In dieser Aufgabe wird von dir die Beschreibung eines der beiden Aspekte gefordert. Der Operator „Beschreibe" deutet darauf hin, dass von dir die Formulierung eines vollständigen Satzes und nicht die stichwortartige Nennung erwartet wird. Vgl. Z. 49–54.*

5. - Direkte Beleidigungen
   - Volksverhetzung (Störung des öffentlichen Friedens)

   Hinweis: *In dieser Aufgabe genügt es, wenn du Stichworte verwendest. Eine weitere Erläuterung wird von dir nicht verlangt. Jedoch müssen beide Straftaten genau benannt werden. Vgl. Z. 119–126.*

Hauptteil 2: Basisteil

1. In dem Auszug eines Lexikonartikels sowie dem anschließenden Sachtext „Allein unter Weißen", im Internet abgerufen am 13.06.2019, wird die US-amerikanische Geschichte der Rassentrennung und deren Abschaffung dargestellt. Als Beispiel für die Bürgerrechtsbewegung in der Mitte des 20. Jahrhunderts werden die Erlebnisse von Ruby Bridges näher beschrieben, die nach einem bestandenen Eignungstest als erstes afroamerikanisches Mädchen eine bisher nur für *weiße* Kinder vorgesehene Schule besuchen durfte. Obwohl es monatelang beschimpft und ausgegrenzt wurde, blieb das kleine Mädchen standhaft, bis sich der Alltag in ihrer Heimatstadt New Orleans normalisierte.

   ✎ **Hinweis:** *Es wird von dir erwartet, dass du in einem einleitenden Satz die Basisinformationen wiedergibst: Titel, Textsorte und Erscheinungsjahr (falls angegeben). Bereits für diesen Einleitungssatz erhältst du die Hälfte der Punkte. Formuliere dann ein bis zwei weitere Sätze, die die zentralen inhaltlichen Informationen wiedergeben. Eine weitere Ausführung des Inhalts wird hier nicht gefordert.*

2.

Abschnittsüberschrift	Zeile (von – bis)
Die Situation der Afroamerikaner in den USA – heute und früher	Z. 1–17
Kindheit in den Südstaaten	Z. 18–59
Aufhebung der Rassentrennung an Schulen	Z. 60–88
Widerstand in der weißen Bevölkerung	Z. 89–113
Ruby Bridges kommt in die Schule	Z. 114–139
Die ersten Reaktionen der weißen Bevölkerung: Morddrohungen, Jobverlust und Enteignung	Z. 140–156
Das Gute obsiegt – die Situation entspannt sich	Z. 157–177

✎ **Hinweis:** *Die Überschriften stehen bereits in der korrekten Reihenfolge. Sie beziehen sich in der Regel auf einen, manchmal auch auf zwei aufeinanderfolgende Absätze. Erst ab der korrekten Angabe von mindestens vier Abschnitten erhältst du überhaupt Punkte. Achte daher auf die Genauigkeit der Zeilenangaben.*

3.
- sehr aufregend und unsicher, da alles neu für mich war
- stolz, jetzt ein Schulkind zu sein, und Freude darüber, Neues zu lernen
- etwas Angst, dass ich vielleicht keine neuen Freunde finden würde

✎ **Hinweis:** *In dieser Aufgabe genügt eine stichwortartige Beschreibung. Hier sind viele Antworten möglich (z. B. Aufregung, Nervosität, Spannung, Neugierde, Vorfreude), jedoch sollten die benannten Gefühle nachvollziehbar sein. Die Grundstimmung in solchen Situationen ist* *meistens eine Mischung aus Vorfreude und Ängstlichkeit. Solltest du dich nicht mehr an deinen ersten Schultag erinnern, dann ist dein Vorstellungsvermögen gefragt und du musst versuchen, dich in die Situation hineinzuversetzen. Die Gefühle bei einem ersten Schultag ähneln denen, die du vielleicht am ersten Tag deines Praktikums oder in einem Aushilfsjob hattest.*

4. Wie die meisten Kinder, die auf eine neue Schule kommen, war Ruby vor ihrem ersten Schultag bestimmt aufgeregt und unsicher, da sie in ein neues Gebäude gehen und auf unbekannte Menschen treffen würde. Ruby war aber sicherlich auch stolz, dass sie den Eignungstest bestanden hatte und nun zu dieser neuen Schule gehen durfte. Sie hat sich wahrscheinlich auch darauf gefreut, Neues lernen und mit den anderen Kindern spielen zu können.

   Vielleicht hat sie im Vorfeld die Aufregung ihrer Eltern mitbekommen oder ihre Eltern haben mit ihr über die Bedeutsamkeit gesprochen, sodass sie auch verunsichert und nervös war und sich fragte, wie die anderen (*weißen*) Kinder sie wohl aufnehmen würden.

   Vor und beim Betreten der Schule warfen die Menschen Gegenstände auf Ruby und beschimpften sie. Das hat sie sicherlich eingeschüchtert, verunsichert und verängstigt. Doch sie blieb standhaft und ging mutig weiter. Sie war entschlossen, diese Schule zu betreten.

   Vielleicht hat sie gar nicht verstehen können, warum ihr so viel Ablehnung entgegengebracht wurde. Daher kann es auch sein, dass sie irritiert, traurig und enttäuscht war, dass die anderen Kinder nicht mit ihr lernen wollten.

   ✎ **Hinweis:** *Auch Ruby ging es ähnlich wie dir vor deinem ersten Schultag (vgl. Aufgabe 3). Beschreibe also zunächst ihre möglichen Erwartungen im Vorfeld des Schulbesuchs. Sicherlich wird auch sie eine Mischung aus Vorfreude und Ängstlichkeit erlebt haben. (Beachte aber: Aus Text 1 geht nicht hervor, ob sie in ihrem Alter schon verstehen konnte, dass ihr Eintritt in diese „weiße" Schule ein so brisantes Ereignis sein würde.)*

   Im Gegensatz zu dir wurde sie dann aber vor und in der Schule mit viel Ablehnung konfrontiert. Nun ist dein Einfühlungsvermögen gefragt: Stelle in einem zweiten Schritt Rubys mögliche Gefühle beim tatsächlichen Betreten der Schule dar. Schau dir dazu noch einmal in Text 1 die Zeilen 117–128 an.

   Insgesamt sollte bei deiner Darstellung der Kontrast zwischen der Vorfreude eines Kindes, das in eine neue Schule kommt, und den negativen Gefühlen, die durch die Ablehnung der Menschen vor und in der Schule in ihr entstanden sein mussten, deutlich werden.

5. Nachdem die Rassentrennung an Schulen in den USA eigentlich schon einige Jahre zuvor aufgehoben worden war, wollten Rubys Eltern nun vielleicht für die Rechte ihrer eigenen Tochter kämpfen und damit gegen die immer noch vorherrschende Ungleichbehandlung protestieren.

Denkbar ist auch, dass sie vor den Konflikten nicht weglaufen, sich von den Bedrohungen und Beleidigungen nicht unterkriegen lassen wollten. Sie wussten, dass ihre Tochter es als Schwarze in der Gesellschaft immer schwer haben würde. Daher konnten sie ihr so ein Vorbild sein und für sie kämpfen.

Rubys Eltern glaubten sicherlich auch, dass die Proteste schon nachlassen würden, und wollten ihrer Tochter einen erneuten Schulwechsel ersparen. Sie schienen sich sicher zu sein, dass sie durch ihre Liebe und ihre Unterstützung dem Hass der anderen begegnen könnten.

Hinweis: *Weitere Annahmen sind möglich. Beachte aber: Rubys Eltern haben mit ihrer Entscheidung, Ruby auf diese Schule zu schicken, ein Zeichen gesetzt und dienten als Vorbild für andere Eltern, auch für die Gleichberechtigung ihrer Kinder zu kämpfen. Allerdings war der Preis für diese Entscheidung sehr hoch (siehe Text 1, Z. 140–156). Finde daher triftige Gründe, die das Ertragen dieser Folgen rechtfertigten. Da es sich um Vermutungen handeln soll, verwende abwägende Formulierungen („sicherlich“, „wahrscheinlich“, „vielleicht“, „Es ist denkbar, dass …“, „Ich könnte mir vorstellen, dass …“).*

6. „Blackfacing“ hat seinen Ursprung im 19. Jahrhundert in Nordamerika. Zu der Zeit schminkten sich *Weiße* in sogenannten „Minstrel-Shows“ schwarz und verkleideten sich. Sie ahmten vermeintliche Handlungen und Verhaltensweisen von Schwarzen Menschen klischeehaft und übertrieben nach und zogen sie ins Lächerliche.

   Es handelt sich bei „Blackfacing“ um eine rassistische Handlung, da die Zuschauer dabei nicht über die Darsteller lachen, sondern über eine stereotype Darstellung von Schwarzen, die auf ein paar äußere und kulturelle Merkmale reduziert werden und sie minderwertig erscheinen lassen sollen. Dadurch werden rassistische Vorurteile, mit denen Menschen *of Color* in Deutschland ohnehin schon zu kämpfen haben, bestärkt. Zudem wird die herabwürdigende und verletzende Wirkung der Darstellung auf die Menschen, die dort nachgeahmt werden, ignoriert.

   Hinweis: *Deine Antwort muss auch hier in zwei Schritten erfolgen: 1. Erklärung des Begriffs, 2. Begründung. Lies für die Definition des Begriffs „Blackfacing“ noch einmal in Text 2, Z. 48–71 nach und erkläre den Begriff dann in eigenen Worten. Details sind nicht erforderlich. Bei der Begründung helfen dir die Zeilen 34–47 und 75–91. Deine Begründung sollte mehrere Argumente umfassen und ausführlich und nachvollziehbar sein.*

7. Jede*r muss Verantwortung für seine eigenen Worte und Taten übernehmen. Dazu gehört auch die bewusste und sensible Verwendung der eigenen Sprache. Jede*r Einzelne sollte also stets bedenken, dass alles Gesagte und

jede Tat immer eine Bedeutung und eine Wirkung auf das Gegenüber haben. Diese Wirkung kann positiv oder auch negativ sein und anders ausfallen, als die / der Einzelne dies ursprünglich vielleicht beabsichtigt hat. Wir sollten deshalb rücksichtsvoll und überlegt vorgehen, also erst denken, dann sprechen bzw. handeln.

Es reicht nicht zu sagen, dass man keine Rassistin bzw. kein Rassist ist. Wir müssen auf die Wirkung unseres Sprechens und Handelns bei den Betroffenen schauen, denn dadurch wird bestimmt, ob es rassistisch ist oder nicht.

Hinweis: *Du findest das Zitat aus der Aufgabenstellung in Text 2, Z. 122–125. Da du anhand von Text 2 Möglichkeiten der Übernahme von Verantwortung beschreiben sollst, lies dir zuvor die Aussagen des Rassismustheoretikers Norbert Finzsch (Z. 111–128) noch einmal durch. Beachte: Das Aufzählen konkreter Handlungen (z. B. Boykott von „Blackfacing"-Shows, Demonstrationen) ist hier nicht gefordert, sondern die Darlegung der Verantwortlichkeit anhand des Textes.*

Wahlteile A und B

Hinweis: *Das Ziel der Wahlteile ist das Verfassen eines zusammenhängenden Textes. Achte also darauf, dass deine einzelnen Textteile aufeinander aufbauen und miteinander verknüpft sind. Verwende dazu passende Konjunktionen und Formulierungsbausteine.*
Die Aufgabenstellungen der Wahlteile geben dir jeweils bereits einen Schreibplan vor. Es ist sinnvoll, sich an diese Reihenfolge zu halten, da so dein Text logisch aufgebaut ist. Es lohnt sich jedoch, dass du dir Notizen zu den einzelnen Teilen machst, bevor du mit dem Schreiben beginnst.
Denke zudem beim Verfassen deines Textes daran, für wen du diesen schreibst. In beiden Wahlteilen wendest du dich an Mitschülerinnen und Mitschüler, an die Leserinnen und Leser der Schülerzeitung bzw. die Mitglieder der Schülervertretung. Halte dir immer vor Augen, dass sie sich mit dem Thema nicht so gut auskennen wie du jetzt. Erkläre ihnen also alles nachvollziehbar, sodass auch sie deine Abwägungen verstehen können und ihr Interesse an dem Thema geweckt wird.
Nutze für deinen Text nicht nur deine Erkenntnisse aus den Wahlteil-Materialien, sondern auch das, was du im Hörverstehens- und im Basisteil gelesen und erarbeitet hast.

Wahlteil A

Hinweis zu a: *Beziehe bei der Erläuterung des Anlasses und zur Veranschaulichung der Aktualität des Themas die geschilderten Ereignisse aus den vorherigen Texten mit ein (z. B. Beschimpfungen bei Fußballspielen → Hörtext, Z. 1–23; Benachteiligung von Afroamerikanern in den USA → Text 1, Z. 1–9; Rassismus in Deutschland → Text 2, Z. 100–106).*
Der Zusammenhang zwischen Text 3 A und der Karikatur ist dir sicherlich direkt aufgefallen. Nenne an dieser Stelle neben diesem Bezug den Titel sowie den Autor von Text 3 A bzw. den Zeichner der Karikatur. Mehr ist hier zunächst nicht gefordert. Auf ihren Inhalt wirst du in den Teilaufgaben b, c und e noch näher eingehen können.
Zu b: *Da du ja in diesem Wahlteil insgesamt einen zusammenhängenden Text schreiben sollst, leite zu den Zitaten mit einem einleitenden Satz über. Schau dir die Aussagen von Frau Amtsrat Reißfleisch im Text noch einmal an und zitiere dann aus ihrer direkten oder indirekten Rede. Auch wenn die Aussagen der Freundin Adele ebenso übertrieben sind, sind diese hier nicht gefordert. Formuliere ganze Sätze und zitiere in korrekter Weise (Setzung von Anführungszeichen, wortwörtliches Zitieren, Angabe der Zeilen).*
Zu c: *Leite auch hier mit einem Satz zu deiner Erklärung über. Bei deiner Antwort müssen dann zwei Aspekte deutlich werden: 1. Es handelt sich bei der Hauptperson nicht um eine Ausnahme. 2. Die Gesellschaft soll anhand des Beispiels der Hauptfigur kritisiert werden.*
Dieses Vorgehen ist typisch für die Textsorte Satire. Der Autor übt u. a. mittels Übertreibung Kritik an Missständen in der Gesellschaft. Er schafft dafür ein überzogenes Beispiel, welches das in seinen Augen unangemessene Verhalten oder die unpassende Einstellung zeigt. Er versucht so, der Gesellschaft einen Spiegel vorzuhalten.
Zu d: *Hier ist es deine Aufgabe, die Benachteiligung der drei ersten Bewerber und die Bevorzugung des letzten Bewerbers als Nachweis für den Verstoß gegen Artikel 3 des Grundgesetzes darzulegen. Stelle dann in einem Satz eine Verknüpfung zwischen der Situation in der Satire, dem Artikel 3 und*

*deiner Absicht her. Halte im Folgenden die Appellform ein, indem du deine Leser*innen direkt ansprichst und sie zum Handeln gegen Alltagsrassismus aufforderst. Es bietet sich hier sehr gut an, das Verhalten der Hauptfigur und ihrer Freundin als Negativbeispiele noch einmal aufzugreifen.*
Zu e: *Im ersten Teil der Aufgabe geht es um die reine Beschreibung der Karikatur. Verwende bei der indirekten Wiedergabe der wörtlichen Rede aus der Karikatur den Konjunktiv.*
Erst im zweiten Teil wird eine Interpretation verlangt, in der du die Kritik des Zeichners verdeutlichst. Da sich dieser mit seiner Zeichnung ebenso wie du mit deinem Artikel für die Schülerzeitung gegen Alltagsrassismus wenden möchte, ist die Karikatur für eure Ausgabe gut geeignet.
*Um deinen Artikel zu komplettieren, bietet es sich an, einen abschließenden Satz an die Leser*innen zu richten, auch wenn dies in der Teilaufgabe e nicht verlangt wird.*

Teilaufgabe a
Schreibanlass / Nennung des Themas

In den Medien kommt derzeit immer wieder das Thema „Alltagsrassismus“ auf. So werden zum Beispiel in den USA *People of Color* noch immer benachteiligt, obwohl vor fast 60 Jahren die Rassentrennung offiziell abgeschafft wurde. Aber auch in Deutschland ist Rassismus leider ein aktuelles Thema: Bei Fußballspielen werden rassistische Sprüche gegen Spieler mit Migrationshintergrund gemacht, Flüchtlingsheime werden in Brand gesteckt oder auch unangemessene Witze und Bilder über soziale Netzwerke verbreitet. Daher wollen wir nun die nächste Ausgabe der Schülerzeitung diesem Thema widmen.

Bezug von Text 3 A und der Karikatur zum Thema

Bei meiner Recherche bin ich auf die Satire „Keine Menschenfresser, bitte!“ von H.C. Artmann gestoßen, welche die Benachteiligung von Menschen *of Color* im Alltag sehr deutlich macht. Des Weiteren habe ich eine passende Karikatur von Tom Körner gefunden, in der ebenso der Rassismus im Alltag dem Betrachter vor Augen geführt wird.

Teilaufgabe b

Zitat 1 + Erklärung

Bei dem Text „Keine Menschenfresser, bitte!“ handelt es sich um einen satirischen Text, in dem mehrfach das Mittel der Übertreibung verwendet wurde. Ein Beispiel dafür ist die Beschreibung der Einstellung der Hauptfigur Frau Amtsrat Reißfleisch: „Nun aber […] war sie doch ein wenig bedrückt, da sie fürchtete, man könnte ihr einen dunkelhäutigen Herrn schicken. […] Vielleicht wären auch Kannibalen und Mädchenhändler unter ihnen, wie man ja nur zu häufig in Zeitschriften erfahren kann …“ (Z. 8–16). Die

Gleichsetzung von „Dunkelhäutigen“ mit Mädchenhändlern und Kannibalen ist hier eine extreme Übertreibung. Sie soll verdeutlichen, wie sehr die Hauptfigur Schwarze Menschen ablehnt.

Des Weiteren hat die Hauptfigur eine übertrieben positive Meinung von Amerikanern: „‚Am liebsten [...] wär mir halt ein solider Amerikaner, der an jedem Ersten eines Monats pünktlich seine Miete zahlt und nicht schnarcht...‘“ (Z. 21–25). Hier reduziert sie Amerikaner u. a. auf die Eigenschaft der pünktlichen Zahler und schließt gleichzeitig aus, dass Menschen anderer Herkunft ebenso zuverlässig sein könnten. Auch das stellt eine Übertreibung dar.

Zitat 2 + Erklärung

Die Hauptperson wird in der Satire nicht näher charakterisiert und auf ihren Namen als „Frau Amtsrat Reißfleisch“ reduziert. Durch diese nur skizzenhafte Darstellung der Hauptfigur bleibt sie typenhaft und kann allgemein auf jeden Menschen zutreffen. Auf diese Weise wird der Leserin / dem Leser bewusst gemacht, dass es sich bei der Hauptperson nicht um eine individuelle Ausnahme handelt, sondern dass es eine allgemeine gesellschaftliche Erscheinung darstellt, der man entgegentreten soll.

Teilaufgabe c
Erklärung für Darstellung der Hauptperson:
– kein Einzelfall
– Gesellschaftskritik

Die Hauptfigur verstößt mit ihrem Verhalten gegen Artikel 3 des Grundgesetzes, da sie die ersten drei Bewerber für das zu mietende Zimmer aufgrund ihrer Abstammung und Herkunft ablehnt. Sie behauptet jeweils, das Zimmer sei bereits an einen Amerikaner vergeben, da ihr die fremdländisch wirkenden Namen bzw. das Aussehen dieser Männer nicht gefiel. Der letzte Bewerber, der Frau Amtsrat Reißfleisch von der Studentenvermittlung am Telefon als Amerikaner angekündigt wird, soll das Zimmer auf jeden Fall bekommen, da Amerikaner ihrer Ansicht nach solide sind (vgl. Z. 22). Sie reduziert auch diesen Kandidaten auf seine Herkunft und bevorzugt ihn deswegen. Eine solche Benachteiligung oder Bevorzugung soll mithilfe von Artikel 3 des Grundgesetzes verhindert werden.

Teilaufgabe d
Begründung für Verstoß gegen Artikel 3 GG

Appell gegen Alltagsrassismus

Derartige Verhaltensweisen finden wir nicht nur bei der Vergabe von Wohnungen, sondern generell in unserem Alltag. Oft ordnen wir unsere Mitmenschen allein aufgrund ihres Äußeren, ihres Glaubens, ihrer Sprache, ihrer Abstammung oder Herkunft in Schubladen ein. Das muss aufhören! Lasst uns allen ohne Vorurteile begegnen. Ist es nicht viel wichtiger, wie sympathisch ein Mensch ist? Oder ob er für eine bestimmte Aufgabe aufgrund seiner Qualifikationen geeignet ist? Bildet euch nicht nur anhand des Äußeren eine Meinung über eine Person, sondern lernt sie besser kennen. Und wenn ihr Freunde habt, die sich wie Frau Amtsrat Reißfleisch äußern, dann stimmt ihnen nicht wie ihre Freundin Adele zu, sondern weist sie darauf hin, wie rassistisch und menschenverachtend sie gerade handeln. Lasst uns bewusster auf unser Verhalten und das der anderen achten und nicht stillschweigen, wenn sich andere abwertend äußern. Gemeinsam können wir etwas gegen den Alltagsrassismus tun.

Teilaufgabe e

Beschreibung der dargestellten Situation in der Karikatur

Als Titelbild dieser Ausgabe unserer Schülerzeitung eignet sich eine Karikatur von Tom Körner. Sie zeigt einen älteren hellhäutigen Mann mit Hut und Mantel, der sich verärgert an einen jüngeren Skater mit dunkler Hautfarbe wendet. Der ältere Mann fordert den jüngeren Mann auf, dahin zu gehen, wo er herkomme. Der jüngere Mann kontert mit der Frage, was er in Dortmund solle.

Begründung für die Eignung als Titelbild

Damit stellt die Karikatur in überspitzter, aber leicht verständlicher Form die Problematik des Alltagsrassismus dar und veranschaulicht daher das Thema unserer Schülerzeitung sehr treffend. Es wird deutlich, dass sich in unserem Alltag noch immer starre, althergebrachte Vorstellungen halten. In diesem Fall beurteilt der ältere Mann den jüngeren allein aufgrund seiner Hautfarbe als Fremden. Es scheint für ihn undenkbar, dass ein Mensch anderer Hautfarbe aus Deutschland kommen könnte. In seiner Vorstellung ist jeder Deutsche wohl hellhäutig. Damit entspricht sein Bild Deutschlands aber keinesfalls der heutigen Lebenswirklichkeit.

Also lasst uns gemeinsam jedwede Formen von Alltagsrassismus bekämpfen, auf sie aufmerksam machen und sie aus den Köpfen aller vertreiben. Rassismus hat in unserer heutigen Gesellschaft nichts zu suchen.

Abschluss

Wahlteil B

✎ ***Hinweis zu a:*** *Auch wenn es in der Aufgabenstellung nicht gefordert ist, kannst du deinen Text an die Schülervertretung mit einer passenden Anrede beginnen. Denke dann jedoch am Textende auch an eine entsprechende Grußformel. Nutze zur Formulierung des Schreibanlasses den einleitenden Arbeitsauftrag vor den Texten 3 B und 4 B.*
Zu b: *Nenne in einem einleitenden Satz den Titel des Artikels und das behandelte Thema. Eine weitere Ausführung des Inhalts wird hier nicht gefordert.*
Zu c: *Sollte dir ein Beispiel für Alltagsrassismus von deiner Schule bekannt sein, so begründe mit dessen Hilfe, warum auch bei euch Rassismus alltäglich ist. Falls dir kein solches Beispiel einfällt, dann verwende einzelne beschriebene Situationen aus Text 3 B, die so auch an deiner Schule vorkommen könnten. Gehe dabei auch darauf ein, wie schwer es ist, Rassismus im Alltag zu erkennen (vgl. z. B. Z. 1–13, 36–41), und dass auch die Institution Schule seit Generationen zur Weitergabe von Vorurteilen beiträgt (vgl. Z. 43–56). (Die Zeilenangaben wurden im Lösungstext nur für die Nachvollziehbarkeit gemacht. Sie werden von dir bei der Bearbeitung nicht erwartet.)*
Zu d: *Lies dir in Text 4 B noch einmal den Abschnitt „9 Fragen – 9 Antworten zum Projekt" genau durch. Die Zielsetzung des Projekts wird im ersten Punkt dargelegt. Die Voraussetzungen zur Teilnahme werden unter Punkt 2 erläutert. Zu den Aufgaben, die es zu erfüllen gilt, findest du unter Punkt 1 und 3 nähere Informationen.*
Zu e: *Hilfen zum ersten Teil (Erläuterung des allgemeinen Nutzens) findest du unter Punkt 5 und 6 in Text 4 B. Die Gründe für die Teilnahme einer bestimmten Schule kann sich von denen anderer unterscheiden. Hast du in der Teilaufgabe c ein Ereignis aus deiner Schule beschrieben, so solltest du dieses hier wieder aufgreifen und erläutern, wie solche Begebenheiten durch das Projekt verhindert werden können oder anders mit ihnen umgegangen werden kann. Zeige den individuellen Nutzen deiner Schule auf und finde nachvollziehbare Gründe. Sprich in diesem Abschnitt von „wir" und „uns". Appelliere abschließend für eure Teilnahme, indem du die Schülervertretung zu einer Bewerbung für das Projekt aufforderst. Falls du deinen Text an die Schülervertretung in Teilaufgabe a mit einer Anrede begonnen hast, so schließe deinen Text nun am Schluss mit einer Grußformel ab, auch wenn dies nicht explizit in der Aufgabenstellung verlangt wird.*

Liebe Schülervertretung,

Anrede

während meiner Recherche für unsere Projekttage zum Thema „Alltagsrassismus" bin ich auf einen sehr interessanten Informationstext zu den vielseitigen Formen des Alltagsrassismus und auf das Projekt „Schule mit Courage" gestoßen. Diese möchte ich euch im Folgenden vorstellen.

Teilaufgabe a
Schreibanlass

Teilaufgabe b
Vorstellung des Themas des Artikels

Der Artikel „‚Vielseitig und machtvoll' – Formen des Alltagsrassismus" informiert über alltägliche Diskriminierungserfahrungen von Menschen *of Color*, die im Rahmen der #MeTwo-Bewegung in sozialen Netzwerken von ihren Erlebnissen berichten, und über die sich einschleichende Normalität von Rassismus in unserem Alltag.

Teilaufgabe c
Begründung für Thema an eigener Schule (und konkretes Beispiel aus Schulalltag)

Der Artikel verdeutlicht, dass sehr viele Menschen mit Alltagsrassismus zu tun haben, sei es als Akteure (bewusst und unbewusst) oder als Betroffene, die ihn ertragen müssen. Schule ist ein Teil des Lebensalltags und auch dort werden rassistische bzw. diskriminierende Erfahrungen gemacht. Auch bei uns. Auf unsere Schule gehen viele Kinder mit Migrationshintergrund, die im Bus komisch angeschaut werden, nach ihrer Herkunft befragt werden, obwohl sie in Deutschland geboren sind, oder vermeintliche Komplimente zu ihren Deutschkenntnissen bekommen usw. (vgl. Z. 1–13). Oft sieht und hört man auf dem Schulhof Gruppen von Jugendlichen, die sich beleidigende Sprüche zurufen und sich mit „der Russe" oder Ähnlichem betiteln. Spricht man sie darauf an, so behaupten sie, das sei doch nur „Spaß unter Freunden".

All das ist vielleicht gar nicht böse gemeint, geschieht unbewusst und mag manchen im ersten Moment nicht als so schlimm erscheinen, doch wir sollten das nicht als harmlos abtun (vgl. Z. 36–43). Zunehmend ist zu beobachten, dass fremdenfeindliche Äußerungen immer weniger zu Gegenreaktionen führen, sondern mehr und mehr im Alltag als „normal" empfunden werden (vgl. Z. 162–176). Das bestätigt auch eine Emnid-Umfrage, derzufolge über die Hälfte der Befragten eine Zunahme des Rassismus in Deutschland wahrnimmt (vgl. Z. 127–130). Über Generationen hinweg werden teils ungewollt u. a. auch durch Institutionen wie der Schule oder den Massenmedien rassistische Vorurteile weitergegeben und gefestigt (vgl. Z. 43–56). Daher sollten wir an unserer Schule dem Alltagsrassismus durch Bewusstmachung und Aufklärung entschieden entgegentreten (vgl. Z. 177–185).

Teilaufgabe d
Zielsetzung des Projekts „Schule mit Courage"

Das Projekt „Schule mit Courage" ist ein Netzwerk von über 3 000 Schulen, deren Mitglieder (Schülerschaft, Lehrkräfte, weiteres Personal) sich an ihrer jeweiligen Schule und in deren Umfeld aktiv und präventiv gegen jede Form von Diskriminierung, Mobbing und Gewalt engagieren.

Voraussetzungen für eine Bewerbung

Voraussetzung für eine Teilnahme ist, dass sich mehr als 70 % der Schulgemeinschaft verpflichten, sich aktiv gegen Diskriminierung zu wenden, bei Konflikten einzuschreiten und Projekttage zu diesem Thema zu organisieren.

Aufgaben der Schule

Aufgabe unserer Schule ist es dann, jährlich einen Projekttag zum Thema „Diskriminierung" zu veranstalten. Zudem sollen weitere Aktivitäten und Initiativen zur Thematik von den Schulmitgliedern entwickelt und über längere Zeiträume durchgeführt werden. Außerdem verpflichten sich die Schulmitglieder bei jeder Art von Vorfällen, die mit Diskriminierung, Rassismus, Gewalt und Mobbing zu tun haben, einzuschreiten, sich offen damit auseinanderzusetzen und zusammen Möglichkeiten des respektvollen Umgangs zu finden.

Teilaufgabe e
Erläuterung des allgemeinen Nutzens

Langfristig können wir mit der Teilnahme an diesem Projekt gegen jede Art von Diskriminierung vorgehen, sodass niemand mehr aufgrund seiner Religion, seiner sozialen Herkunft, seines Geschlechts, seiner körperlichen Merkmale, seiner politischen Weltanschauung oder seiner sexuellen Orientierung benachteiligt wird.

Begründung für die Teilnahme der eigenen Schule

Wir als Schule sollten an dem Projekt unbedingt teilnehmen, da wir so das Klima an unserer Schule aktiv zum Positiven verändern können. Durch die Sensibilisierung für den Rassismus im Alltag können wir Wege finden, einander (noch) mehr zu achten und ein stressfreieres Miteinander zu gestalten, in dem sich alle wohlfühlen und besser lernen können. An den Projekten kann sich jede und jeder beteiligen, egal in welcher Klassenstufe man sich befindet oder welchen Notendurchschnitt man hat. Außerdem ist es ein Projekt der gesamten Schule, also von Lehrkräften, Schülerinnen und Schülern und anderen Angestellten zusammen und das auch über Klassenstufen hinweg. Dadurch lernen sich alle Beteiligten noch besser kennen und unser Gemeinschaftsgefühl wird gestärkt.

Aus all diesen Gründen sollten wir meiner Meinung nach unbedingt eine „Courage-Schule" werden. Als Schülervertretung haben wir es nun in der Hand, unsere Bewerbung dafür auf den Weg zu bringen, um gemeinsam etwas gegen Diskriminierung und Alltagsrassismus zu tun. Lasst uns loslegen! *Appell / Abschluss*

Viele Grüße *Grußformel*

…

Abschlussprüfung Deutsch 2021

Hauptteil 1: Hörverstehen

Hinweis: *Beim Hörverstehen sollst du zeigen, dass du die wesentlichen Inhalte eines Hörtextes sowie die Absicht, die damit verfolgt wird, erfassen kannst. In den Aufgaben werden von dir sowohl die Zusammenfassung des Inhalts als auch die Wiedergabe von Details in Form von Beschreibungen und Multiple-Choice-Aufgaben verlangt.*
Der Hörverstehensbeitrag wird dir zweimal vorgespielt. Konzentriere dich beim ersten Hören auf das grobe Textverständnis: Worum geht es? Was ist das zentrale Thema? Um welche Beitragsart handelt es sich? Wer spricht?
Mache dir beim zweiten Hören Notizen. Erfasse dieses Mal Einzelheiten, z. B. Abläufe von Ereignissen, Aufzählungen, Meinungen einzelner Personen oder die Erklärung von Begriffen. Beschränke dich bei deinen Notizen auf Stichworte.

1. In der Radio-Reportage geht es um Erfahrungen mit virtueller Realität, vor allem um die Möglichkeiten von virtuellen Reisen unter Verwendung von VR-Brillen.
   Zu Beginn bekommt die Reporterin mithilfe einer Filmemacherin Einblicke in die Wirkung von 360-Grad-Videos. Sie lässt die Zuhörer*innen an ihren Eindrücken teilhaben, als sie selbst mit einer VR-Brille eine „Reise" nach Albanien macht.
   Im zweiten Teil berichtet ein Universitätsprofessor von seinen Erfahrungen in einem 24-stündigen VR-Brillen-Experiment, in dem er sogar körperliche Reaktionen aufgrund von virtuellen Eindrücken verspürte.
   Zwei weitere Experten beschreiben im Anschluss die vielen Vorteile der virtuellen Reisen gegenüber „normalen" Reisen.
   Am Ende zieht die Reporterin für sich ein persönliches positives Fazit.

   Hinweis: *Dir ist sicherlich aufgefallen, dass es sich bei dem Radiobeitrag um eine Reportage handelt. Die Reporterin nimmt die Zuhörer*innen zu verschiedenen Orten mit und lässt mehrere Expertinnen und Experten zu Wort kommen. Beginne daher mit einem einleitenden Satz, der das gemeinsame Thema aller Reportage-Teile wiedergibt.*
   Damit aus deiner Zusammenfassung keine seitenlange Nacherzählung wird, teile den Text in Abschnitte ein und fasse die einzelnen Beiträge jeweils in einem Satz zusammen.

2. Unter „Immersion“ versteht man das vollständige Eintauchen in den Film/ virtuelle Welten.

✎ **Hinweis:** *Ein kurzer Antwortsatz, der eine klare Definition gibt, reicht hier völlig aus. Du kannst dabei die Erklärung aus dem Hörtext wortwörtlich übernehmen („das vollständige Eintauchen in den Film“, Z. 22/23) oder bereits auf das übergeordnete Thema dieser Abschlussprüfung („Virtuelle Welten“) übertragen.*

3. ☒ Man muss die VR-Brille mindestens zwei Tage ununterbrochen tragen, um einen Effekt zu erzielen.

   ☒ Eine virtuelle Reise kann man nur mithilfe einer professionellen Reiseleitung unternehmen.

✎ **Hinweis:** *Hier musst du zeigen, dass du gut hingehört hast, welche Begründungen genannt werden und welche nicht. Lies zudem die Aufgabenstellung genau: Anzukreuzen sind die Begründungen, die im Hörtext* ***nicht*** *genannt werden.*
Da die Anzahl der zu setzenden Kreuze nicht bekannt ist, musst du alle Aussagen genau prüfen. Ein falsches Kreuz hebt dabei ein korrekt gesetztes Kreuz auf.

4. Professor Steinicke hatte während seines Experiments das Gefühl, tatsächlich in der virtuellen Welt zu sein. Er zeigte dabei auch körperliche Reaktionen: Trotz gleichbleibender Außentemperatur wurde ihm beim Anblick des virtuellen Sonnenuntergangs kalt.

✎ **Hinweis:** *In dieser Aufgabe wird von dir die kurze Beschreibung von Empfindungen gefordert. Der Operator „Beschreibe“ deutet darauf hin, dass von dir die Formulierung eines vollständigen Satzes und nicht die stichwortartige Nennung erwartet wird.*

5. • geringere Kosten
   • weniger CO_2-Ausstoß
   • viele unterschiedliche virtuelle Reisen als Vorauswahl für echte Reisen
   • Schutz historischer Stätten
   • Möglichkeit, Orte zu besuchen, die sonst für Touristen nicht zugänglich sind

✎ **Hinweis:** *In dieser Aufgabe genügt es, wenn du* ***vier*** *aussagekräftige Stichpunkte verwendest. Eine weitere Erläuterung wird von dir nicht erwartet.*
Jedoch müssen die vier Vorteile genau benannt werden. Es reicht nicht, wenn du z. B. „Kosten“ oder „CO_2-Ausstoß“ als Vorteile angibst. Der Vorteil besteht in „geringeren Kosten“ bzw. „weniger CO_2-Ausstoß“.

Hauptteil 2: Basisteil

1. In dem Sachtext „Ist die virtuelle Realität die neue Wirklichkeit?“ aus dem Jahr 2020 geht es um die historische Entwicklung der VR-Technik seit dem 19. Jahrhundert sowie ihre Bedeutung in verschiedenen Lebensbereichen und für die Wirtschaft.

   *✎ **Hinweis:** Es wird von dir erwartet, dass du die Basisinformationen wiedergibst: Titel, Textsorte und Erscheinungsjahr. Der Autor bzw. die Autorin werden hier nicht genannt. Hinweise zum Erscheinungsjahr findest du in der Quellenangabe. Bereits für diese Basisinformationen erhältst du die Hälfte der Punkte.*
   Beachte, dass hier keine Zusammenfassung von dir verlangt wird, sondern eine Vorstellung des zentralen Themas. Dazu sollst du lediglich ein bis zwei Sätze formulieren. Eine weitere Ausführung des Inhalts wird hier nicht gefordert.

2. „Virtuelle Realität“ (kurz „VR“) bezeichnet etwas, das in der Wirklichkeit nicht existiert, aber dennoch echt erscheint. Diese virtuelle Wirklichkeit wird über Computer mithilfe von dreidimensionalen Bildern, Videos und oft auch Ton erzeugt. Die „Virtuelle Realität“ kann beispielsweise auf Großbildleinwänden oder mit VR-Brillen sichtbar gemacht werden. Auch andere Sinne wie der Tast-, Geschmacks- oder Geruchssinn können mittels spezieller Geräte beeinflusst werden.

   *✎ **Hinweis:** Deine Erklärung des Begriffs „Virtuelle Realität“ muss sich auf Text 1 stützen und nicht auf dein eigenes Vorwissen. Lies also genau nach, wie dieser darin beschrieben wird (vgl. Z. 13–36).*
   Wichtig ist, dass du angibst, dass die virtuelle Wirklichkeit echt erscheint (vgl. Z. 15–17) und computergeneriert ist (vgl. Z. 20–23). Mit welchen Mitteln diese Welt erzeugt wird (vgl. Z. 23–26 und Z. 33–36) und welche Effekte dadurch erzielt werden können (vgl. Z. 26–33), kannst du ebenfalls nennen. Beachte jedoch, dass du eigene Worte verwendest und die Angaben kurz zusammenfasst.

3.

Anwendungsbereich	Beispiel 1	Jahr	Beispiel 2	Jahr
Literatur	Damien Broderick: „The Judas Mandala”	1982	Stanley G. Weinbaum: „Pygmalions Brille“	1935
Interaktive Simulatoren von Szenen aus der Wirklichkeit	„Sensorama“ von Morton Heilig	1962	der „View-Master“ von William Gruber	1939

Militär	erster Einsatz von VR-Brillen	1960	Flugsimulations-system SIMNET	bis 1990er-Jahre
Unterhaltungs-industrie	erste Arcade-Spielautomaten in Spielhallen	1970er-Jahre	Film „Matrix“	1999

✎ **Hinweis:** *In dieser Aufgabe wirst du vor die Herausforderung gestellt, aus dem langen Text mit den zahlreichen Beispielen die passenden herauszufiltern. Lass dich nicht von der Fülle der Beispiele ablenken, sondern finde jeweils zwei, die deiner Meinung nach am besten passen. Zweifelst du an der Passgenauigkeit eines Beispiels oder fehlt die Jahresangabe (z. B. bei Platons Höhlengleichnis), wähle ein anderes. Zu drei Bereichen findest du mehr als die zwei geforderten Beispiele. Folgende Angaben sind daher ebenfalls als korrekt anzusehen:*
Literatur *(vgl. Z. 47–86): Antonin Artauds Theatertheorie (1932)*
Interaktive Simulatoren von Szenen aus der Wirklichkeit *(vgl. Z. 101–152): lebensgroße gemalte 360-Grad-Panoramabilder (19. Jahrhundert), Charles Wheatstones Zeichnungen eines Stereoskops (1838), stereoskopische Fotoaufnahmen mit einer Zweiobjektivkamera von David Brewster (1849), Aufnahmen der Stadt Aspen für ein animiertes 3D-Modell der Stadt (1979)*
Unterhaltungsindustrie *(vgl. Z. 86–101 und Z. 163–190): Fernsehserie „Star Trek – The Next Generation“ (1987), Videospiele auf Homecomputern (1980er-Jahre), Erfindung von Spielekonsolen wie SEGA VR und Nintendo Virtual Boy (1990er-Jahre)*
Die beiden oben genannten Beispiele zum Bereich ***Militär*** *findest du in den Zeilen 153–162.*

Die in Text 1 eingebundene Abbildung des Sensoramas hat übrigens keine Bedeutung für die gestellten Aufgaben. Du musst dich mit dieser also nicht weiter beschäftigen.

4. • mögliche Schwierigkeiten, sich nach längerer Nutzung der VR in der „echten“ Welt wieder zurechtzufinden
   • körperliche Reaktionen wie Schwindel und Übelkeit

✎ **Hinweis:** *Die hier geforderten negativen Auswirkungen findest du am Ende von Text 1 (vgl. Z. 197–206). Hier reicht wieder die Angabe in Stichworten. Wichtig ist, dass du die beiden im Text genannten negativen Auswirkungen und keine eigenen verwendest.*

5. Die Menschen in Platons „Höhlengleichnis“ befinden sich in einer von Schatten geprägten Scheinwelt. Für die Höhlenbewohner ist ihre Höhle mit den Schatten die Realität, die sie für echt halten. Die Schatten stellen aber nur ein Abbild der Wirklichkeit außerhalb der Höhle dar. Somit sind die Schatten Teil einer „virtuellen Realität“, eines künstlich erzeugten Abbildes, das der Wirklichkeit ähnlich ist und somit echt erscheint.

✎ **Hinweis:** *Stelle in deiner Begründung klar, inwiefern in Platons „Höhlengleichnis“ eine virtuelle Realität existiert. Hier musst du also zeigen, dass du verstanden hast, was eine virtuelle Realität ist und worum es in dem „Höhlengleichnis“ geht.*

Lies dir daher zuerst noch einmal die Definition des Begriffs „Virtuelle Realität" in Text 1 (Z. 13–36) sowie deine Erklärungen in Aufgabe 2 dazu durch. Nun überprüfe mithilfe der Zeilen 1–27 des „Höhlengleichnisses", inwiefern die Merkmale der VR („nicht in der Wirklichkeit existierend, aber echt erscheinend, künstlich erzeugtes Abbild der Realität") bei Platon wiederzufinden sind. Du wirst feststellen, dass es dort Ähnlichkeiten gibt. Deine Aufgabe ist es nun, diese Ähnlichkeiten in wenigen Sätzen zu erläutern.
(Lass das Merkmal der computergenerierten Wirklichkeit in Anbetracht der technischen Entwicklung zu Platons Lebzeiten außer Acht. Dieses kannst du in Teilaufgabe 6 als Unterschied anführen.)

6. Die Höhlenbewohner wissen nicht, dass sie sich in einer virtuellen Realität befinden. Sie halten die virtuelle Welt für die Wirklichkeit. Ihr Blick ist beschränkt, da sie nichts anderes kennen und auch nicht kennen wollen. Als sie erfahren, dass es eine andere Welt gibt, sind sie genervt und verängstigt. Heute begibt man sich bewusst und freiwillig in eine virtuelle Welt und kann daher in der Regel zwischen ihr und der Wirklichkeit unterscheiden. Um eine virtuelle Welt zu erzeugen, benötigt man technische Hilfsmittel (z. B. VR-Brillen).

***Hinweis:** Deine Antwort muss hier in zwei Schritten erfolgen: 1. Beschreibung der Situation der Höhlenbewohner, 2. Beschreibung der heutigen Situation. Gehe in beiden Beschreibungen auf ähnliche Aspekte ein, z. B.: Wissen die Personen, dass sie sich in einer VR befinden? Welche Realität halten die Personen für „echt"? Können die Personen zwischen der VR und der Wirklichkeit unterscheiden?*

7. Platon zeigt in seinem Höhlengleichnis auf, was die Angst vor Neuem bewirken kann. In dem Gleichnis wird derjenige, der von neuen Erkenntnissen berichtet, umgebracht.
Platon will die Menschen vermutlich dazu auffordern, offen für Neues zu sein, denn damit kann auch etwas Gutes verbunden sein. Er weiß, dass Bildung der Weg zur Wahrheit und zur Befreiung aus der Unwissenheit ist. Daher will er die Menschen wahrscheinlich dazu bewegen, Mut zur Veränderung zu haben und die Komfortzone zu verlassen. Sie sollen sich weiterbilden und die eigene Wahrnehmung der Dinge überdenken, um damit aus der Unkenntnis auszubrechen.

***Hinweis:** Da es sich hierbei um deine Vermutungen zu Platons Absicht handelt, verwende ruhig abwägende Formulierungen („vermutlich", „wahrscheinlich", „vielleicht", „Es ist denkbar, dass …", „Ich könnte mir vorstellen, dass …").*
Vergiss nicht, dass durch den Operator „Erkläre" mehrere vollständige Sätze gefordert sind. Viele Vermutungen zu Platons Intention sind möglich. Beziehe dich auf ein bis zwei schlüssige Erklärungsansätze, die du anhand des Gleichnisses darlegst.

Wahlteile A und B

Hinweis: *Das Ziel der Wahlteile ist das Verfassen eines zusammenhängenden Textes. Achte also darauf, dass deine einzelnen Textteile aufeinander aufbauen und miteinander verknüpft sind. Verwende dazu passende Konjunktionen und Formulierungsbausteine.*
Die Aufgabenstellungen der Wahlteile geben dir jeweils bereits einen Schreibplan vor. Es ist sinnvoll, sich an diese Reihenfolge zu halten, da so dein Text logisch aufgebaut ist. Es lohnt sich jedoch, dass du dir Notizen zu den einzelnen Teilen machst, bevor du mit dem Schreiben beginnst.
*Denke beim Verfassen deines Textes daran, für wen du diesen schreibst: In Wahlteil A wendest du dich an die Leser*innen eines Blogeintrags, die wahrscheinlich zumeist in deinem Alter sind. In Wahlteil B formulierst du eine E-Mail an deine Schulleitung. Argumentiere in beiden Texten sachlich und wecke gleichzeitig das Interesse an der virtuellen Realität.*
Nutze für deinen Text nicht nur deine Erkenntnisse aus den Wahlteil-Materialien, sondern auch das, was du im Hörverstehens- und im Basisteil gelesen und erarbeitet hast.

Wahlteil A

Hinweis zu a: *Nutze zur Formulierung des Anlasses die Hinweise, die dir in dem einleitenden Arbeitsauftrag zu diesem Wahlteil vor Text 3 A geboten werden. Die Überschrift deines Blogeintrags wird dir im Arbeitsauftrag zu Wahlteil A explizit vorgegeben, daher solltest du diese übernehmen und den Inhalt deines Eintrags auch daran ausrichten.*
Zu b: *Beginne deine Zusammenfassung mit der Angabe der Basisinformationen: Titel, Autor, Erscheinungsjahr. Alle nötigen Angaben dafür findest du im kursiv gedruckten Einführungstext von Text 3 A. Nutze diese, denn bereits für den einleitenden Satz erhältst du die Hälfte der Punkte. Fasse dann den Inhalt des Textes in wenigen Sätzen zusammen. Verwende für die Inhaltsangabe das Präsens.*
Zu c: *Um zu erklären, warum die Hauptperson sich auf dieses Experiment eingelassen hat, solltest du dir die Beschreibung der ersten Begegnung der beiden Figuren noch einmal genau durchlesen (vgl. Z. 1–68). Hierin findest du Andeutungen zum verstärkten Alkoholkonsum (vgl. Z. 9–12), zur Flucht vor der Wirklichkeit (vgl. Z. 16–20) und seiner Neugier in Bezug auf die technische Umsetzung (vgl. Z. 65/66). Zur Veranschaulichung werden im Lösungstext drei Gründe ausgeführt. Hier reicht aber die Nennung eines dieser möglichen Gründe aus.*
Zu d: *Beschreibe in einem ersten Teil kurz, wie sich der Autor das Eintauchen in eine virtuelle Welt vorstellt. Lies dazu in Text 3 A noch einmal die Zeilen 23–34 und 87–147.*
Schaue in einem zweiten Schritt noch einmal genauer auf die heutigen technischen Möglichkeiten (vgl. Text 1, Z. 1–12 und Z. 26–36). Erinnere dich auch an die Beschreibungen im Hörtext zu den Erfahrungen der Reporterin (Transkript, Z. 33–47) und des Professors Frank Steinicke (Transkript, Z. 90–109).
Nenne dann die Unterschiede und die Gemeinsamkeiten der virtuellen Welt aus der Erzählung und der VR mit unseren heutigen technischen Möglichkeiten. Die Nennung einer zutreffenden Gemeinsamkeit und eines zutreffenden Unterschieds reichen hier aus, auch wenn im Lösungstext zur Veranschaulichung mehrere angeführt werden. Der Operator „Nenne“ in der Aufgabenstellung deutet darauf hin, dass eine stichwortartige Aufzählung genügen könnte. Allerdings ist es deine Aufgabe,

in den Wahlteilen einen zusammenhängenden Text zu verfassen. Formuliere also auch in dieser Teilaufgabe vollständige Sätze.
Zu e: *Formuliere zunächst einen überleitenden Satz von den Gemeinsamkeiten und Unterschieden aus Aufgabe d hin zu den Argumenten in dieser Aufgabe.*
Beginne mit dem Gegenargument aus deiner Sicht und führe dann ein Argument an, das deiner Meinung entspricht. So erhältst du eine passende Überleitung zur Begründung deiner eigenen Entscheidung. Verdeutliche deine Argumente für oder gegen die Nutzung einer VR-Brille in wenigen Sätzen. Formuliere die Möglichkeiten, die dir die VR-Brille bieten könnte, im Konjunktiv. So stellst du klar, dass es sich dabei um eine hypothetische Annahme handelt.
Zu f: *Zunächst sollst du einen Zusammenhang zwischen dem Titel deines Blogbeitrags und der virtuellen Welt in „Pygmalions Brille" herstellen. Neben der in diesem Lösungstext angeführten Aktualität der Vision kannst du natürlich auch andere Gemeinsamkeiten anführen. Wichtig ist, dass du diese in wenigen Sätzen nachvollziehbar erläuterst.*
Sprich die Leserinnen und Leser am Ende deines Textes in einem Appell direkt an. Wecke noch einmal ihr Interesse und fordere sie zum Beitritt in den Club auf.

Science-Fiction – die Brille für den Blick in die Zukunft

Teilaufgabe a
Anlass für den Blogeintrag

In unserem Club sind wir immer auf der Suche nach spannenden Science-Fiction-Büchern. Dabei bin ich vor Kurzem auf eine schon etwas ältere, aber sehr interessante Erzählung gestoßen.

Teilaufgabe b
Zusammenfassung des Inhalts der Erzählung

In der Erzählung „Pygmalions Brille" des amerikanischen Science-Fiction-Autors Stanley G. Weinbaum aus dem Jahr 1935 geht es um die Reise in eine virtuelle Welt mithilfe einer Brille.
Die Hauptfigur Dan Burke trifft in einem Park alkoholisiert auf den Professor Albert Ludwig, der ihn einlädt, in einem Hotelzimmer seine „magische Brille" zu testen. Der Professor erklärt ihm die Funktionsweise der Brille und lässt ihn dann in die Traumwelt eintauchen. Für Dan Burke wird diese schnell zur realen Welt und er verliebt sich dort sogar in eine Frau. Nach einigen Stunden wacht er aufgrund eines technischen Defekts aus dem Traum auf und die reale Welt gewinnt wieder die Oberhand. Körperlich und geistig erschöpft sowie enttäuscht von der realen Welt flieht er schließlich aus dem Hotelzimmer des Professors, der nicht mehr im Zimmer ist.

Teilaufgabe c
Nennung möglicher Gründe

Als die Hauptperson Dan Burke auf den Professor trifft und dieser ihm anbietet, einen Traum zur Wirklichkeit werden zu lassen, ist Dan alkoholisiert. Das hat bestimmt dazu beigetragen, dass seine Zweifel gegenüber dieser „magischen Brille“ geringer sind als üblich. Zudem scheint der Alkohol für ihn eine Möglichkeit zu sein, vor der Wirklichkeit zu fliehen, was er sich vermutlich auch von der Nutzung der VR-Brille erhofft. Ein weiterer Grund ist sicherlich die Neugier, ob die realitätsnahe Umsetzung eines Traumes technisch wirklich möglich ist.

Teilaufgabe d
Beschreibung der VR des Autors

Der Autor beschreibt die virtuelle Realität, die Dan Burke erlebt, sehr ausführlich (vgl. Z. 87–147). Der Autor stellt sich die virtuelle Welt demnach wie einen Traum vor, der zur Wirklichkeit wird. In ihm kann man schmecken, riechen, Berührungen fühlen und zudem mit den Figuren des Traums kommunizieren. Jedes Detail scheint in den Beschreibungen so echt und detailgetreu zu sein, dass man die Illusion für die Wirklichkeit hält und die „echte“ Welt um sich herum vergisst.

Unterschiede zu heutigen technischen Möglichkeiten

In der künstlichen Welt in „Pygmalions Brille“ agiert die Hauptfigur also lebensecht. Das Erlebnis, das mit der heutigen Technik möglich ist, ist jedoch nur lebensnah. Ein weiterer Unterschied besteht in der technischen Umsetzung: In der Erzählung ist eine chemische Substanz zur Erzeugung der virtuellen Realität nötig. Heute wird die VR digital erzeugt und weitere Sinneseindrücke können mithilfe von z. B. einem Datenhandschuh oder bestimmter Helme umgesetzt werden. Derlei Hilfsmittel sind in der VR des Professors aus der Erzählung nicht notwendig.

Gemeinsamkeiten mit heutigen technischen Möglichkeiten

Die virtuelle Welt in der Erzählung und die heute technisch mögliche virtuelle Realität haben jedoch auch manches gemeinsam: In beiden taucht man in eine künstliche Welt ein, die von jemandem erschaffen wurde. Zudem ist dafür jeweils eine spezielle Brille notwendig. Des Weiteren können in beiden virtuellen Welten Sinneseindrücke wie Geruch, Geschmack und Berührungen erzeugt werden.

Die Nutzung einer solchen Brille, wie sie in der Erzählung von Stanley G. Weinbaum geschildert wird, klingt einerseits reizvoll, andererseits aber auch gefährlich.

Teilaufgabe e
Zur Nutzung einer VR-Brille:

Kontra-Argument

Gegen die Verwendung von VR-Brillen spricht die Gefahr, sich in der virtuellen Welt zu verlieren und damit den Anschluss an die reale Welt einzubüßen. Die Probleme, die in der echten Welt möglicherweise warten, werden lediglich verdrängt, aber nicht gelöst.

Pro-Argument

Allerdings ermöglichen VR-Brillen besondere Erfahrungen und Erlebnisse, die in der realen Welt nicht möglich wären. So stellen z. B. körperliche Gefahren sowie Unzugänglichkeiten von Orten kein Hindernis für das Erleben dar.

Begründung für eigene Entscheidung

Für mich ist klar, dass ich eine solche Brille sehr gerne austesten würde. Mit ihrer Hilfe könnte ich viel Neues und bisher Unvorstellbares erleben und somit meinem stressigen Alltag für eine Weile entfliehen.

Teilaufgabe f
Begründung für Text als passendes Beispiel

„Pygmalions Brille“ wurde bereits 1935 verfasst und hat damals schon heutige Entwicklungen wie die VR-Brille vorausgesagt. Jedoch wird dort eine Utopie einer virtuellen Welt dargestellt, die auch bis heute noch nicht vollständig Realität geworden ist. Diese Vision, die der Autor Stanley G. Weinbaum damals bereits hatte, ist teilweise auch für uns im 21. Jahrhundert noch ein „Blick in die Zukunft“. Wir dürfen gespannt sein, wann dieser Wirklichkeit wird.

Appell für den Beitritt in den Club

Wenn euch derartige Ideen ebenso faszinieren wie mich, dann seid ihr genau richtig in unserem Science-Fiction-Club. Klickt einfach auf den Kontakt-Button oben oder kommt zu einem unserer Treffen. Wir freuen uns auf euch!

Wahlteil B

Hinweis zu a: *Auch wenn es in der Aufgabenstellung nicht gefordert ist, solltest du deinen Text mit einer passenden Anrede beginnen. Schließlich ist es dein Auftrag, eine E-Mail zu verfassen. Nutze zur Formulierung des Anlasses die Hinweise, die dir in dem einleitenden Arbeitsauftrag zu diesem Wahlteil vor Text 3 B geboten werden. Mache bereits hier das Ziel deines Schreibens in einem Satz deutlich.*

Zu b: *Leite mit einem kurzen Satz zu den Inhalten des Artikels über. Nenne in dieser Teilaufgabe die Textsorte, den Titel und das Erscheinungsjahr sowie das zentrale Thema des Textes. Sinnvoll ist es zumeist auch zu erwähnen, auf welche Meinungen von Expertinnen und Experten sich der Autor bzw. die Autorin des Textes und damit auch deine Erläuterungen in den kommenden Teilaufgaben stützen. Eine weitere Darstellung des Inhalts wird hier nicht gefordert.*

Zu c: *Die Ausführung von je zwei Möglichkeiten und Grenzen für den Einsatz der VR-Technik im Schulalltag reichen laut Aufgabenstellung aus. Im Lösungstext werden jeweils drei mögliche Beispiele genannt. Andere nachvollziehbare Ideen sind ebenso richtig. Du kannst diese aus Text 3 B übernehmen oder dir eigene Einsatzmöglichkeiten überlegen. Formuliere einen kurzen Überleitungssatz von den Möglichkeiten zu den Grenzen. Die Zeilenangaben wurden in der Lösung nur für die Nachvollziehbarkeit gemacht, sie werden von dir nicht erwartet.*

Zu d: *Leite zur Statistik über, indem du erwähnst, dass du z. B. bei deinen Recherchen zum Thema „Virtuelle Realität an Schulen“ im Internet auf dieses Schaubild gestoßen bist. Stelle dann in ein bis zwei Sätzen die Basisinformationen der Statistik vor. Neben dem Titel, dem Diagrammtyp und der Quelle solltest du in diesem Zusammenhang auch erwähnen, dass es sich um die Ergebnisse einer Befragung handelt. Der Titel ist wenig aussagekräftig, jedoch hilft dir der Untertitel bei der Formulierung des zentralen Themas weiter. Schau dir dann die Werte der Statistik noch einmal genauer an und formuliere zwei bis drei Kernaussagen. Erst im letzten Schritt erläuterst du die Notwendigkeit des Einsatzes von VR-Technik im Unterricht. Beziehe dich dabei auf die Erkenntnisse, die du aus der Statistik gewonnen hast.*

Zu e: *Greife zu Beginn möglichst, wie in der Aufgabenstellung angedeutet, ein Bedenken auf und wäge es direkt mit einem Nutzen ab. Führe dann zur Untermauerung deines Standpunktes die wichtigsten Nutzungsaspekte an, ohne sie weiter auszuführen. Die Zeilenangaben wurden im Lösungstext auch hier nur für die Nachvollziehbarkeit gemacht, sie werden von dir nicht erwartet. Zeige im nächsten Schritt den individuellen Nutzen für deinen Schulalltag auf. Das Beispiel sollte realitätsnah sein und einen Bezug zu deiner Schule haben. Sprich ab jetzt von „wir“ und „uns“. Mit dem abschließenden Appell hast du dann noch einmal die Möglichkeit, deine Schulleitung von der Idee der VR-Technik an deiner Schule zu überzeugen. Betone ein ausschlaggebendes Argument und fordere die Schulleitung zu realistischen Maßnahmen auf. Du kannst beispielsweise mit rhetorischen Fragen den Appellcharakter unterstreichen. Schließe deinen Text am Ende mit einer Grußformel ab.*

Sehr geehrte Frau Dr. Stein,
sehr geehrter Herr Miller,

Anrede der Schulleitung

bei unserem letzten Treffen des Clubs „Digitale Medien" haben wir uns mit den Chancen und Grenzen der Technik der Virtuellen Realität an Schulen auseinandergesetzt. Fasziniert hat mich die Fülle von Möglichkeiten, die sich daraus für die Gestaltung des Unterrichts ergeben können. Ich möchte mich daher dafür einsetzen, VR-Brillen und weitere notwendige Technik für unsere Schule anzuschaffen.

Teilaufgabe a
Anlass für den Text

Im Rahmen meiner Recherchen zu dem Thema bin ich auf den Artikel „Virtuelle Realität – ‚Überwältigungstechnik' oder wertvoller Einsatz moderner Medien?" aus dem Jahr 2020 gestoßen. Hierin werden die Möglichkeiten und Gefahren der VR-Technik im Unterricht erörtert. Dabei stehen die Erfahrungen von Lehrkräften und Medienpädagogen in Hinblick auf den Einsatz von VR-Brillen im Mittelpunkt.

Teilaufgabe b
Vorstellung des Themas des Artikels

Zu den Möglichkeiten im Unterricht zählt zum Beispiel, dass die Klasse entfernte Orte besuchen oder vergangene Epochen erkunden kann (vgl. Z. 18–29). So wäre beispielsweise als Unterrichtseinstieg im Fach Geschichte eine „Reise" in die Zeit der Französischen Revolution vorstellbar. Die Schülerinnen und Schüler könnten den damaligen Kontrast zwischen dem pompösen Schloss von Versailles und dem ärmlichen Leben der Bauern miterleben und so besser nachvollziehen.

Teilaufgabe c
Möglichkeiten des Einsatzes von VR-Technik im Schulalltag

Außerdem dient die VR-Technik auch als Motivationshilfe für die Schülerinnen und Schüler. Durch den Einsatz verschiedener Lernmethoden werden auch unterschiedliche Sinneskanäle und Lerntypen angesprochen. Insgesamt lässt sich der Unterricht viel lebendiger, abwechslungsreicher und damit interessanter gestalten (vgl. Z. 63–68 und Z. 88–90).

Des Weiteren werden zum Beispiel im Fach Wirtschaft bei der Berufsorientierung mithilfe der VR-Technik viel mehr Einblicke in das Berufsleben ermöglicht. In der derzeitigen Pandemie-Lage sind Praktika oft nur schwer realisierbar.

Schülerinnen und Schüler wollen jedoch nach wie vor den Berufsalltag kennenlernen, bevor sie sich für eine Ausbildung entscheiden. In Zusammenarbeit mit einigen großen Arbeitgebern stellt einer private Agentur dafür bereits kostenlos Medienboxen für Schulen zur Verfügung, die VR-Videos zur Berufsorientierung sowie das nötige technische Equipment enthalten (vgl. Z. 186–204).

Grenzen des Einsatzes von VR-Technik im Schulalltag

Neben den vielen Möglichkeiten, die die VR-Technik in Schulen bietet, gibt es jedoch auch Grenzen ihres Einsatzes im Schulalltag.

Mit der alltäglichen Nutzung sind relativ hohe Kosten verbunden: Die Schülerinnen und Schüler benötigen entweder selbst ein teures VR-fähiges Smartphone oder die Schule muss eine Reihe von VR-Brillen anschaffen, damit sie diese allen Schülerinnen und Schülern zur Verfügung stellen kann (vgl. Z. 76–83).

Außerdem müssen die Lehrerinnen und Lehrer zunächst angeleitet werden, wie sie mit den technischen Geräten umgehen und wie sie die VR-Technik sinnvoll in den Unterricht einbinden können. Allerdings sind die meisten Lehrkräfte für den Einsatz von VR-Technik im Unterricht noch nicht genügend fortgebildet (vgl. Z. 177–179).

Ferner kann auch der Datenschutz noch nicht ausreichend gesichert werden. Es besteht die Gefahr, dass gesammelte Daten möglicherweise für fremde Zwecke missbraucht werden (vgl. Z. 179–185).

Teilaufgabe d

Basisinformationen zur Statistik

Bei meinen weiteren Recherchen habe ich eine passende Statistik mit dem Titel „Was die Deutschen in der virtuellen Realität anstellen“ bei Statista im Internet gefunden. In diesem Balkendiagramm werden die Ergebnisse einer Befragung von Bitkom aus dem Jahr 2018 zur Nutzung von VR-Brillen dargestellt.

Kernaussagen der Statistik

Der Statistik lässt sich entnehmen, dass von 2017 zu 2018 die Zahl der Personen, die bereits eine VR-Brille ausprobiert haben, um drei Prozent angestiegen ist.

Die meisten Befragten (72 %) nutzen VR-Brillen zum Spielen von Videospielen. Insgesamt werden VR-Brillen vorwiegend im Freizeitbereich genutzt und nur zu einem sehr geringen Teil (8 %) im Bildungs- und Lernbereich.

Damit ist dieser Bereich stark unterrepräsentiert. Die Nutzung der VR-Technik in den Freizeitbereichen steigt, daher sollte sie auch im Bildungsbereich attraktiver gestaltet werden und häufiger zum Einsatz kommen.

Begründung der Notwendigkeit des Einsatzes

Zwar sind mit dem Einsatz von VR-Brillen hohe Kosten für Technik und Fortbildung verbunden, aber viel zu häufig wird der fehlende verantwortungsvolle Umgang von Jugendlichen mit digitalen Medien kritisiert. Wir würden digitale Medien zu exzessiv und sinnlos nutzen und uns von der realen Welt isolieren. Daher ist es Zeit, in der Schule den kompetenten Umgang mit digitalen Medien durch den Einsatz der VR-Technik weiter zu trainieren (vgl. Z. 123–131). Außerdem wird durch ihren Einsatz die Motivation gesteigert und damit eine langfristigere Verankerung des Gelernten im Gedächtnis erzielt (vgl. Z. 69–72). Letztlich sollte es doch darum im Unterricht gehen.

Teilaufgabe e
Entkräften von Bedenken

Erläuterung des Nutzens

Ein gutes Beispiel für die Möglichkeiten, die die VR-Technik bieten, ist unser letztes Thema im Erdkundeunterricht: „Der Tropische Regenwald“. Wir alle sollten wissen, dass dieser in Gefahr ist und unbedingt geschützt werden muss. Das Nötigste zu dem Thema haben wir uns im Schulbuch und auf Arbeitsblättern theoretisch erarbeitet. Das war sehr langweilig und mühsam. Mithilfe der VR-Technik wären aber viel intensivere Einblicke in die Artenvielfalt von Pflanzen und Tieren erlebbar. Wir könnten zum einen den Geräuschen des Regenwaldes lauschen und zum anderen auch die schlimmen Veränderungen durch die Rodungen erfahren. Dadurch würde sicherlich das Interesse dafür steigen, sich näher mit der schwindenden Artenvielfalt weltweit sowie dem Schutz der Regenwälder zu beschäftigen. Auch andere für unsere Zukunft wichtige Bereiche des Natur-, Klima- und Umweltschutzes ließen sich so eindrucksvoller und nachhaltiger demonstrieren und erleben.

Beispiel aus dem Schulalltag

Schließlich geht es um unsere Zukunft. Die VR-Technik wird in vielen unserer Lebensbereiche eine immer größere Rolle spielen und sollte daher auch in der Schule eingesetzt und der Umgang mit ihr trainiert werden. Finden Sie nicht auch, dass es an der Zeit ist, dass unsere Schule die vielfältigen Möglichkeiten der VR-Technik zur Steigerung des Lerneffekts ausschöpft und uns Schülerinnen und Schüler auf unser zukünftiges Berufs- und Alltagsleben vorbereitet? Andere Schulen haben bereits einzelne Projekte mit finanzieller Unterstützung von Kooperationspartnern gestartet und gute Erfolge erzielt. Lassen Sie uns diesen Beispielen folgen.

Appell für die Ausstattung der Schule / Abschluss

Mit freundlichen Grüßen

Grußformel

...

Abschlussprüfung Deutsch 2022

Hauptteil 1: Hörverstehen

✎ **Hinweis:** *Beim Hörverstehen sollst du zeigen, dass du die wesentlichen Inhalte eines Hörtextes sowie die Absicht, die damit verfolgt wird, erfassen kannst. In den Aufgaben werden von dir sowohl die Zusammenfassung des Inhalts als auch die Wiedergabe von Details in Form von Beschreibungen und Multiple-Choice-Aufgaben verlangt.*
Der Hörverstehensbeitrag wird dir zweimal vorgespielt. Konzentriere dich beim ersten Hören auf das grobe Textverständnis: Worum geht es? Was ist das zentrale Thema? Um welche Beitragsart handelt es sich? Wer spricht?
Mache dir beim zweiten Hören Notizen. Erfasse dieses Mal Einzelheiten, z. B. Abläufe von Ereignissen, Aufzählungen, Meinungen einzelner Personen oder die Erklärung von Begriffen. Beschränke dich bei deinen Notizen auf Stichworte.

1. In dem Radiobeitrag geht es um ein Interview mit dem Musikpsychologen und Hirnforscher Stefan Kölsch zum Thema Musik. Darin wird die Wirkung von Musik und die Bedeutung der Musik für den Menschen erläutert.

   ✎ **Hinweis:** *Dir ist sicherlich beim Hören sofort aufgefallen, dass es sich bei dem Radiobeitrag um ein Interview handelt. Nenne diese Textsorte direkt im ersten Satz und die Person, mit der dieses Interview geführt wurde. Falls du dir den Namen nicht hast merken können, so erwähne jedoch die Berufe („Musikpsychologe und Hirnforscher") des Interviewten.*
   Formuliere dann in einem zweiten Satz das Thema. Der Interviewer benennt dieses in seinen einleitenden Sätzen, in denen er auch seinen Gast vorstellt.
   In dieser Aufgabe werden von dir keine Details aus dem Beitrag verlangt.

2. ☒ Nur Fangesänge vor und in Stadien lösen regelmäßig Gänsehaut aus.
   ☒ Die Schallwellen der Musik haben eine direkte Auswirkung auf Sinneszellen in der Haut.

   ✎ **Hinweis:** *Hier musst du zeigen, dass du gut hingehört hast. Lies zudem die Aufgabenstellung genau: Anzukreuzen sind die Aussagen, die im Hörtext* ***nicht*** *genannt wurden. Da die Anzahl der zu setzenden Kreuze nicht vorgegeben wird, musst du alle Aussagen genau prüfen. Ein falsches Kreuz hebt dabei ein korrekt gesetztes Kreuz auf.*
   Die Aussage zu den Fangesängen ist nicht richtig, da Musik generell Gänsehaut auslösen kann, nicht nur die vor und in Stadien.
   Eine direkte Wirkung von Musik auf die Haut wird in dem Interview nicht erwähnt, sondern nur, dass Musik unser Belohnungssystem aktiviert, welches dann weitere körperliche Reaktionen steuert. Alle anderen Aussagen wurden wörtlich oder sinngemäß in dem Radiobeitrag genannt (vgl. Z. 26–58).

3. - ist gemeinschaftsstiftend (vgl. Z. 73/74)
   - kann starke Emotionen hervorrufen (vgl. Z. 80/81)
   - kann Gänsehaut hervorrufen (vgl. Z. 27–29)
   - aktiviert das Belohnungssystem im Gehirn (vgl. Z. 36–39)
   - verbindet stärker als alles andere (vgl. Z. 73–75)
   - wirkt regenerativ und therapeutisch (vgl. Z. 83/84)
   - besteht aus einfachen Elementen (nur aus Takten und Tönen), aus denen komplexe Musikstücke komponiert werden können (vgl. Z. 90–98)

   Hinweis: *Ganze Sätze sind in dieser Aufgabe nicht gefordert, jedoch sollten deine Stichworte verständlich formuliert sein. Denke daran, dass es hier nicht um deine eigenen Ideen geht, sondern um die im Beitrag genannten Eigenschaften und Wirkungen von Musik.*
   Es genügt, wenn du ***zwei*** *aussagekräftige Stichworte notierst. Die Zeilenangaben dienen nur zu deiner Orientierung. Sie werden selbstverständlich nicht verlangt, da es sich um einen Hörtext handelt und du das Transkript in der Prüfung nicht vorliegen hast. Für die Nennung eines zutreffenden Aspektes erhältst du 0,5 Punkte.*

4. Laut einer Theorie können Menschen im Gegensatz zu Tieren in Gruppen Musik machen. Gerade beim gemeinsamen Musizieren in größeren Gruppen wird der Zusammenhalt der menschlichen Gruppe gestärkt, welcher für die Entwicklung und das Überleben im Laufe der Evolution wichtig war.

   Hinweis: *In dieser Aufgabe wird von dir die Darstellung des Zusammenhangs von Musik und menschlicher Evolution verlangt. Eine Beschreibung der Wirkung von Musik allein reicht nicht aus. Seine Theorie dazu stellt Stefan Kölsch in dem Interview vor (vgl. Z. 101–119). Der Operator „Erkläre" deutet darauf hin, dass von dir die Formulierung von vollständigen Sätzen erwartet wird.*

5. - Um ein guter Musiker zu werden, muss man kein Naturtalent sein.
   - Man kann auch ein guter Musiker werden, wenn man mindestens 15 000–20 000 Stunden unter guter Anleitung geübt hat.

   Hinweis: *Der Operator „Erkläre" und die Anforderung „stichwortartig" scheinen sich im ersten Moment auszuschließen. Diese Angabe deutet hier jedoch darauf hin, dass von dir kein zusammenhängender erklärender Text verlangt wird, sondern die Nennung von zwei Voraussetzungen in einzelnen Sätzen genügt. Wichtig ist, dass in deinen Stichworten deutlich wird, dass man hart arbeiten muss, um ein guter Musiker zu sein, da Talent alleine nicht ausreicht (vgl. Z. 135–161).*

Hauptteil 2: Basisteil

1. Der Bericht „Musik – Ausdruck des Menschseins“ basiert auf drei Quellen, die zwischen 2017 und 2021 veröffentlicht wurden. In ihm geht es um die historische Entwicklung und Bedeutung der Musik für die Menschheit.

   ✐ ***Hinweis:*** *Es wird von dir erwartet, dass du in einem einleitenden Satz die Basisinformationen wiedergibst: Titel, Textsorte und Erscheinungsjahr. Hinweise zum Erscheinungsjahr findest du in der Quellenangabe. Allerdings ist die Quellenangabe ziemlich komplex, da sie auf drei verschiedene Textquellen verweist. Daher ist die Angabe des Erscheinungsjahrs nicht zwingend erforderlich. Auch weitere Angaben wie z. B. die Autoren werden nicht von dir verlangt. Bereits für die Basisinformationen erhältst du die Hälfte der Punkte.*
   Formuliere dann einen Satz, der das zentrale Thema wiedergibt. Eine weitere Ausführung des Inhalts wird hier nicht gefordert.

2. Musik ist etwas Kreatives, das von Menschen ohne einen bestimmten Zweck erzeugt wird (vgl. Z. 42–45). Ebenso wie Sprache kommt Musik in jeder menschlichen Kultur vor (vgl. Z. 48–50). Dank verschiedener Anlagen können Menschen Musik machen (vgl. Z. 45–47). Musikalität scheint also eine angeborene Fähigkeit zu sein (vgl. Z. 50–55).

   ✐ ***Hinweis:*** *Da sich deine Ausführungen auf Text 1 stützen sollen, lies noch einmal den passenden Absatz dazu (Z. 36–55), bevor du deine Erklärung verfasst. Verwende bei deinen Formulierungen möglichst eigene Worte und fasse dich kurz. Eine Überschneidung deiner Erklärung aus dieser Aufgabe mit der aus Aufgabe 3 ist möglich.*
   Die Zeilenangaben wurden in der Lösung nur für die Nachvollziehbarkeit gemacht. Sie werden von dir bei der Bearbeitung nicht erwartet.

3. Experimente von Forschern haben gezeigt, dass Musik eine „universale Sprache der Gefühle“ (Z. 60) ist. Durch verschiedene Tonarten und Tempi vermittelt Musik dieselbe Grundstimmung, die bei Menschen dann gleiche Emotionen hervorruft.

   ✐ ***Hinweis:*** *Das Zitat, das du erklären sollst, findest du in Zeile 76–78. Lies noch einmal die beiden Absätze von Zeile 56–78 und erkläre dann die Bedeutung des Zitats in eigenen Worten. Falls du Ausdrücke aus dem Text wortwörtlich verwenden möchtest, so mache diese als Zitat kenntlich (Verwendung von Anführungszeichen, Angabe der Zeilen). Eine Überschneidung deiner Erklärung aus dieser Aufgabe mit der aus Aufgabe 2 ist möglich.*

4. Unter „Motherese“, auch „Mütterisch“ genannt, verstehen Forscher den typischen, melodischen Singsang, den Mütter gegenüber ihren Babys verwenden. Babys reagieren auf ihn mit Lächeln, Glucksen und freudigem Strampeln.

Entstanden ist er, als Mütter früher ihr Kind zur Nahrungssammlung ablegen mussten. Der Singsang verhinderte das Schreien des Babys nach der Mutter, wodurch Raubtiere hätten angelockt werden können.
Der Singsang beruhigt also Kinder und stärkt zudem die Mutter-Kind-Bindung. Er vermittelt den Babys Sicherheit und ein Urvertrauen in zwischenmenschliche Beziehungen, welche wichtig für eine gesunde Entwicklung der Persönlichkeit von Menschen sind.

*✒ **Hinweis:** Diese Aufgabe ist in zwei Teile geteilt: 1. Erklärung des Begriffs und 2. Begründung der Funktion. Vermische diese nicht.*
Um den Begriff „Motherese" zu erklären, halte dich an die Zeilen 92–101 und formuliere dazu zwei bis drei Sätze. Du kannst in deiner Erklärung auch Formulierungen aus dem Text verwenden.
Erst im zweiten Teil wird von dir die Erklärung der Funktion dieses Singsangs verlangt. In deinen Ausführungen hierzu soll deutlich werden, warum er lebenswichtig für die Menschen ist. Wichtig ist, dass es hier nicht um Musik im Allgemeinen, sondern nur um „Motherese" geht. Die Zeilen 102–124 helfen dir dabei.

5. Musik ist für Nosliw sehr wichtig, da sie ihn schon sein Leben lang begleitet. Er kann sich ein Leben ohne Musik nicht vorstellen. Sie beeinflusst seine Gefühlslage, gibt ihm Kraft und treibt ihn an. Nosliw ist dankbar, dass er Musik machen kann.

*✒ **Hinweis:** Denke daran, dass es bei dieser Aufgabe nicht um deine eigene Einstellung zur Musik oder die Wirkung von Musik auf Menschen im Allgemeinen geht. Es ist deine Aufgabe, anhand des Songtextes (Text 2) herauszustellen, welche Bedeutung Musik für den Sänger Nosliw hat. Verwende in deinen Ausführungen eigene Worte, die Nosliws Beschreibungen zusammenfassen.*

6.

Text 1	Nosliw „Musik"
Musik …	Belegende Zitate
… ist gemeinschaftsfördernd	• „Du bist das Bindeglied, das alle Welt vereint, (…)" (Z. 3)
… stärkt die Gruppenzugehörigkeit	• „Du bist ein Teil jeder Bewegung (…)" (Z. 28)
… hebt die Stimmung/Moral	• „Du nimmst mir das Gewicht in harten Zeiten, (…)" (Z. 21) • „Du baust mich auf (…)" (Z. 7) • „(…) du lässt mich risen (…)" (Z. 19)
… treibt an /motiviert	• „(…) oder kickst mich wieder 'rauf." (Z. 24) • „(…) aus der ich Kraft zieh'" (Z. 6) • „(…) du bringst mich durch" (Z. 7)

	• „Konnte noch nicht laufen, doch du brachtest mich zum Fliegen“ (Z. 15) • „Durch dich entdeckte ich so viele Seiten /und so viele Möglichkeiten, Stile zu entfalten.“ (Z. 17/18) • „(...) hilfst mir meine Horizonte stetig zu erweitern.“ (Z. 22)

✎ **Hinweis:** *Denke in dieser Aufgabe an die richtige Zitierweise: Verwendung von Anführungszeichen, wortwörtliches Zitieren, Angabe der Zeile(n). Es genügt, wenn du für jede Funktion nur* ***ein*** *Zitat anführst.*

7. Wenn ich niedergeschlagen bin, hilft mir am ehesten rockige oder poppige Musik, die etwas schneller ist. Ich setze mich dann auf mein Bett, schließe die Augen und spiele die Songs über meine Kopfhörer ab. Die Lautstärke drehe ich so hoch, dass alles um mich herum nicht mehr zu hören ist. Der Inhalt des Textes ist mir nicht so wichtig, dafür aber der Rhythmus. Dieser muss mitreißend sein und mich zum Mitwippen animieren.
Meistens wähle ich Lieder aus meiner Kindheit aus, da mich diese an frühere schöne Zeiten erinnern. Meine Eltern haben damals oft Playlists mit Songs aus den 1980er- und 1990er-Jahren gespielt. Als Kind habe ich mit meinen Freunden die Liedtexte mitgegrölt und wild dazu getanzt. Wir waren albern und haben viel gelacht. Daran erinnere ich mich beim Hören und beginne automatisch wieder mitzusingen. Ohne darüber nachzudenken, stimme ich spätestens beim ersten Refrain mit ein und werde so von meinen negativen Gedanken abgelenkt. Meistens tanze ich irgendwann wie damals wild in meinem Zimmer herum und schüttele dadurch jeglichen Druck und schlechte Laune ab. Im Anschluss fühle ich mich erleichtert und gleichzeitig wieder voller Energie.

✎ **Hinweis:** *In dieser Aufgabe werden von dir zwei Schritte verlangt:*
1. Benennung einer Musikrichtung/eines Liedes, die/das dich aufbaut
2. Beschreibung der Wirkung dieses Liedes auf dich
*Insbesondere für den zweiten Schritt solltest du dir etwas Zeit nehmen, damit dein*e Leser*in die Wirkung nachvollziehen kann.*
Sollte dir kein konkreter Titel oder keine Musikrichtung einfallen, so beschreibe, wie die Musik sein muss, damit sie dich aufbaut (z. B. Lautstärke, Geschwindigkeit, verwendete Instrumente, mit oder ohne Gesang, Inhalt). Denke auch in diesem Fall an die verständliche Erklärung der Wirkung auf dich: Warum braucht die Musik die bestimmte Lautstärke oder Geschwindigkeit? Was lösen die verwendeten Instrumente bei dir aus? Warum ist dir Gesang wichtig oder gerade nicht? Vermittelt der Songtext eine bestimmte Botschaft? Erinnert dich die Musik/der Song an eine bestimmte Situation? usw.

Wahlteile A und B

Hinweis: *Das Ziel der Wahlteile ist das Verfassen eines zusammenhängenden Textes. Achte also darauf, dass deine einzelnen Textteile aufeinander aufbauen und miteinander verknüpft sind. Verwende dazu passende Konjunktionen und Formulierungsbausteine.*
Die Aufgabenstellungen der Wahlteile geben dir jeweils bereits einen Schreibplan vor. Es ist sinnvoll, sich an diese Reihenfolge zu halten, da so dein Text logisch aufgebaut ist. Es lohnt sich jedoch, dass du dir Notizen zu den einzelnen Teilen machst, bevor du mit dem Schreiben beginnst.
Denke beim Verfassen deines Textes daran, für wen du diesen schreibst: In beiden Wahlteilen wendest du dich in erster Linie an Mitschülerinnen und Mitschüler: an die Leserinnen und Leser der Schulwebsite bzw. an die Mitglieder der Schülervertretung. Halte dir immer vor Augen, dass sie sich mit dem Thema nicht so gut auskennen wie du jetzt. Erkläre ihnen also alles nachvollziehbar, sodass auch sie deine Abwägungen verstehen können. Argumentiere dabei sachlich und wecke gleichzeitig das Interesse an der AG (A) bzw. dem Projekt (B).
Nutze für deinen Text nicht nur deine Erkenntnisse aus den Wahlteil-Materialien, sondern auch das, was du im Hörverstehens- und im Basisteil gelesen und erarbeitet hast.

Wahlteil A

Hinweis zu a: *Eine Anrede wird in der Aufgabenstellung nicht explizit verlangt. Falls du deinen Text mit einer Anrede beginnst, denke dann jedoch auch am Ende der Wahlteil-Aufgabe an eine entsprechende Grußformel. Nutze zur Formulierung des Anlasses die Hinweise, die dir in dem einleitenden Arbeitsauftrag zu diesem Wahlteil vor Text 3 A geboten werden. Da in diesem Einführungstext explizit das Thema deines Blogeintrags vorgegeben wurde, solltest du den Inhalt deines Eintrags auch daran ausrichten.*
Zu b: *Beginne deine Vorstellung des Textes mit der Angabe der Basisinformationen: Textsorte, Titel, Autor, Erscheinungsjahr. Das Erscheinungsjahr findest du in der Quellenangabe am Ende des Textes. Die Angabe der Quelle wird hier nicht von dir verlangt. Bereits für diesen einleitenden Satz erhältst du die Hälfte der Punkte. Stelle dann das Thema in einem Satz vor. Verwende dafür das Präsens. Eine weitere Zusammenfassung des Inhalts wird hier nicht gefordert.*
Zu c: *Wichtig ist, dass du bei dieser Teilaufgabe nicht nur die Angstsituationen der Hauptperson aufzählst, sondern diese auch in Ansätzen erklärst. Eine genaue Ausführung wird von dir aber nicht verlangt. Falls du als Subjekt in deinen Sätzen „**die** Haupt**figur**“ verwendest, denke daran, dass dann auch die Personal- und Possessivpronomen („sie“, „ihr“) dazu passen müssen. Achte zudem darauf, dass du die Verben variierst, also nicht immer „Angst haben“ verwendest, sondern passende Synonyme auswählst (z. B. „sich Sorgen machen“, „befürchten“, „bedrückt sein“). Neben den drei im Lösungstext genannten Ängsten plagen den Protagonisten auch Geldsorgen und er befürchtet, dass ein Diebstahl, den er begangen hat, ans Licht kommt.*
Zu d: *In dieser Teilaufgabe geht es nicht mehr um die Hauptfigur, sondern um Ängste, die bei euch Schülerinnen und Schülern ausgelöst werden. Beachte, dass es sich dabei um Situationen in der Schule und im Rahmen von Prüfungen handeln soll. Beschreibe hier nicht nur die Situationen, in denen die Ängste auftreten, sondern auch, wovor Schülerinnen und Schüler in diesen Angst haben. Denke auch in dieser Teilaufgabe an abwechslungsreiche Verben.*

__Zu e:__ Nun geht es wieder um die Figur in der Kurzgeschichte und die Funktion, die das Musikmachen für sie hat. Lies daher die in der Aufgabenstellung angegebenen Zeilen aus der Kurzgeschichte noch einmal ganz genau. Dir fällt dabei sicherlich auf, dass in dem ersten angegebenen Abschnitt das Musikmachen eher als Konfrontation mit den Ängsten beschrieben und damit eher negativ dargestellt wird. In dem zweiten Abschnitt am Ende der Geschichte wird hingegen deutlich, dass durch das Musikmachen eine Auflösung der Ängste erzielt wird. Beschreibe diese beiden Schritte separat voneinander. Beginne mit einem kurzen einleitenden Satz und fasse dann für jeden der beiden Abschnitte jeweils knapp zusammen, welche Funktionen das Musikmachen für den Protagonisten hat. Achte besonders in dieser Teilaufgabe darauf, dass du eigene Worte verwendest.
__Zu f:__ In der Aufgabenstellung wird darauf hingewiesen, dass du nicht nur den Text zum Wahlteil (Text 3 A), sondern auch die anderen beiden Texte des Basisteils (Text 1 und Text 2) mit einbeziehen sollst. Greife die in ihnen beschriebenen Funktionen des Musikmachens wieder auf, die in Prüfungssituationen hilfreich sein können.
Erkenntnis aus Text 1 (Aufgabe 4): Musik gibt Sicherheit und beruhigt.
Erkenntnis aus Text 2 (Aufgabe 6): Musik hebt die Stimmung, treibt an und motiviert.
Erkenntnis aus Text 3 A (Teilaufgabe e): Musik hilft bei der Bewältigung von Ängsten und stressigen Situationen.
Eine Angabe von genauen Zitaten oder Zeilen ist hier nicht gefordert.
__Zu g:__ Sprich die Leserinnen und Leser in deinem Appell direkt an. Wecke noch einmal ihr Interesse für die AG und deren Fortsetzung im kommenden Schuljahr. Greife dabei die in Teilaufgabe a angedeuteten eigenen Erfahrungen aus der AG noch einmal auf.
Falls du deinen Blogeintrag mit einer Anrede begonnen hast, so ergänze am Ende eine Schlussformel und deinen Namen.

Liebe Schulgemeinschaft,

Teilaufgabe a
Anlass für den Blogeintrag

in diesem Jahr habe ich an der AG „Musik gegen Prüfungsstress" teilgenommen und dort verschiedene Musikinstrumente ausprobiert und mit anderen musiziert. Nun möchte ich euch vom Nutzen dieser AG überzeugen.

Teilaufgabe b
Vorstellung der Kurzgeschichte

Bei meinen Recherchen für diesen Blogeintrag bin ich auf die Kurzgeschichte „Ich singe gegen die Angst" von Jo Pestum aus dem Jahr 1986 gestoßen. Darin beschreibt der Erzähler, wie die Hauptfigur, ein junger Mann, Musik nutzt, um Stress und emotionale Belastungen zu verarbeiten.

Teilaufgabe c
Beschreibung von drei Angstsituationen der Hauptfigur:
1. Situation

Der junge Mann, um den es in der Geschichte geht, hat vor verschiedenen Situationen Angst. Zum einen macht er sich Sorgen um seine berufliche Zukunft, da nicht klar ist, ob er am Ende seiner Lehrzeit in der derzeitigen Firma bleiben kann.

Außerdem bedrückt ihn seine familiäre Situation. Seine Mutter ist vermutlich schwer krank und der Vater scheint ein Alkoholiker zu sein.

2. Situation

Des Weiteren befürchtet der Protagonist, seine Freundin zu verlieren, weil sie die Beziehung vielleicht nicht so ernst nehmen könnte wie er.

3. Situation

Auch uns Schülerinnen und Schüler plagen in Prüfungssituationen oft Ängste. Viele haben Angst davor, zu versagen, also durch eine Prüfung zu fallen oder eine schlechte Note zu erhalten. Manche befürchten auch, dass sie dann von ihren Eltern Ärger bekommen, wenn sie in einer Prüfung nicht gut abschneiden.

Teilaufgabe d

Beschreibung von zwei Beispielen:

1. Beispiel

Nicht ausreichende Prüfungsergebnisse könnten auch bedeuten, dass man seinen angestrebten Abschluss nicht erreicht. Das löst bei vielen eine Angst vor der Zukunft aus.

2. Beispiel

Das Musikmachen hat in der Kurzgeschichte für den Protagonisten unterschiedliche Funktionen, die sowohl negativ als auch positiv für ihn sein können.

Teilaufgabe e

Erklärung der Funktion des Musikmachens

Durch das Gitarrespielen scheinen ihm seine Ängste erst bewusst zu werden oder sie kehren wieder in sein Bewusstsein zurück, sodass er sich ihnen stellen muss.

zu Z. 12–31

Über das Musikmachen findet er jedoch auch einen Weg, mit seinen Ängsten umzugehen, indem er sie benennen und damit greifbarer machen kann. So wird er nach und nach ruhiger und kann sich von seinem Stress befreien.

zu Z. 84–102

Zusammenfassend kann man sagen, dass das Musikmachen in stressreichen Situationen wie z. B. vor Prüfungen bei der Bewältigung von Ängsten hilft und uns ein Gefühl von Sicherheit gibt. Musik hat auch eine beruhigende und motivierende Wirkung auf uns und unterstützt uns so, diese schwierigen Situationen zu bewältigen. Daher verbessert sich durch das Musizieren insgesamt unsere Stimmung.

Teilaufgabe f

Zusammenfassung des Nutzens

Gerade in Prüfungsphasen kann also Musik und insbesondere das eigene Musikmachen sehr hilfreich sein, mit diesen Situationen umzugehen und damit in den Prüfungen besser abzuschneiden.

Teilaufgabe g

Appell für die AG

Genau diese Möglichkeit bietet die AG „Musik gegen Prüfungsstress". In ihr konnten wir bereits in diesem Schuljahr gemeinsam den Stress in der Prüfungszeit reduzieren und gleichzeitig ein Gemeinschaftsgefühl erzeugen. Ich bin davon überzeugt, dass ich dadurch entspannter und erfolgreicher durch die Prüfungsphase gekommen bin.
Es wäre schön, wenn auch kommende Jahrgänge diese Chance erhalten würden. Bitte setzt euch daher dafür ein, dass diese hilfreiche AG im nächsten Schuljahr wieder für alle angeboten wird.

Viele Grüße
(Name)

Wahlteil B

Hinweis zu a: *Auch wenn es in der Aufgabenstellung nicht gefordert ist, solltest du deinen Text mit einer passenden Anrede beginnen. Denke dann jedoch am Ende der Wahlteil-Aufgabe auch an eine entsprechende Grußformel. Nutze zur Formulierung des Anlasses die Hinweise, die dir in dem einleitenden Arbeitsauftrag zu diesem Wahlteil vor Text 3 B geboten werden. Mache bereits hier das Ziel deines Briefes in einem Satz deutlich.*

Zu b: *Beginne deine Vorstellung mit der Angabe der Basisinformationen: Textsorte, Titel, Autorin, Erscheinungsjahr. Das Erscheinungsjahr findest du in der Quellenangabe am Ende des Textes. Die Angabe der Quelle wird hier nicht von dir verlangt. Bereits für diesen einleitenden Satz erhältst du die Hälfte der Punkte. Stelle dann das zentrale Thema in einem Satz vor. Eine weitere Zusammenfassung des Inhalts wird hier nicht gefordert.*

Zu c: *Beginne in dieser Teilaufgabe mit einem kurzen einleitenden Satz, der deutlich macht, worum es in deinen nächsten Sätzen gehen soll. In Text 3 B werden sehr viele Möglichkeiten genannt, inwiefern Musik die kindliche Entwicklung positiv beeinflusst. Lies dazu noch einmal die Zeilen 30–79 in Text 3 B. Wähle aus den dort genannten Gründen vier gut nachvollziehbare aus. Verwende in dieser Teilaufgabe nach Möglichkeit eigene Umschreibungen. Die Zeilenangaben wurden in der Lösung nur für die Nachvollziehbarkeit gemacht. Sie werden von dir bei der Bearbeitung nicht erwartet. Neben den vier im Lösungstext genannten Gründen werden auch die Förderung der Intelligenz (vgl. Z. 56–58), der Kommunikationsfähigkeit (vgl. Z. 39–42) sowie die Erzeugung von positiven Gefühlen (vgl. Z. 75–79) als richtig anerkannt.*

Zu d: *Leite auch diese Teilaufgabe mit einem einleitenden Satz ein. Die Aufgabenstellung gibt dir eine mögliche Formulierung vor. Beschreibe dann in einem ersten Schritt die Problematik, die an vielen Schulen herrscht, und erst in einem zweiten Schritt die Situation an deiner eigenen Schule. Stelle hierbei möglichst realitätsnah heraus, ob du die Lage bei dir an der Schule genauso problematisch oder vergleichsweise besser einschätzt. Da die Situation an allen Schulen sehr unterschiedlich ist, wurden hier zwei mögliche Beispiele dargestellt. In deinem Prüfungsaufsatz musst du aber nur ein Beispiel ausführen. Mache in deiner Beschreibung Gemeinsamkeiten und Unterschiede zwischen der Situation, die Sarah Schelp in ihrem Artikel beschreibt, und der Situation an deiner Schule deutlich. Die Zeilenangaben wurden in der Lösung nur für die Nachvollziehbarkeit gemacht. Sie werden von dir bei der Bearbeitung nicht erwartet.*

Zu e: *Zu Beginn solltest du hier mit einem Satz zu dem Projekt überleiten. Erläutere dann im ersten Teil die Zielsetzung des Projekts. Lies dazu noch einmal die Zeilen 8–35 in Text 4 B. Nenne im Anschluss im zweiten Teil die Voraussetzungen, die Schulen zur Teilnahme erfüllen müssen. Hierbei helfen dir die Zeilen 60–73. Der Schwerpunkt deiner Ausführungen in dieser Teilaufgabe sollte auf den Voraussetzungen liegen.*

Zu f: *Mit dem Abschluss hast du noch einmal die Möglichkeit, die Mitglieder der Schülervertretung von dem Projekt zu überzeugen. Starte in dieser Teilaufgabe mit der Begründung, warum deine Schule an diesem Projekt (weiterhin) teilnehmen soll. Betone noch einmal den Nutzen, den das Projekt für euch als Schule und für jede*n Einzelne*n haben könnte.*

Als Letztes formuliere einen Appell, der deinen Wunsch nach einer (erneuten) Teilnahme an dem Projekt deutlich macht. Der Lösungstext bezieht sich auf den Fall, dass das Projekt „Klasse mit Musik" an der eigenen Schule noch nicht etabliert ist.

Falls du deinen Text an die Schülervertretung in Teilaufgabe a mit einer Anrede begonnen hast, so schließe deinen Text nun am Schluss mit einer Grußformel ab, auch wenn dieses nicht explizit in der Aufgabenstellung verlangt wird.

Liebe Mitglieder der Schülervertretung, *Anrede*

Teilaufgabe a
Anlass für deinen Text

in den letzten Wochen wurde immer wieder über den Musikunterricht an unserer Schule diskutiert und der Wunsch nach einem verstärkten Musikangebot, z. B. im Rahmen des Musikprojekts „Klasse mit Musik", geäußert. Daher wollen wir uns in der kommenden SV-Sitzung über das Musikangebot an unserer Schule austauschen.

Teilaufgabe b
Vorstellung des Themas des Artikels

Im Rahmen meiner Recherchen zu dem Thema bin ich auf den Artikel „Macht Musik!" von Sarah Schelp aus dem Jahr 2006 gestoßen. Hierin werden die Möglichkeiten und Vorteile von Musik als Unterrichtsfach sowie die Wirkung von Musikunterricht auf die Entwicklung von Kindern und Jugendlichen erläutert.

Teilaufgabe c
Erläuterung des Nutzens von Musikunterricht:

Musikpädagogen und Psychologen fanden heraus, dass Musikunterricht für die Schülerinnen und Schüler so wichtig ist, weil Musik und insbesondere das eigene Musizieren positiv zur Entwicklung der Heranwachsenden beiträgt.

1. Grund
So lernen Kinder durch Musik beispielsweise ihre Umgebung besser zu verstehen (vgl. Z. 39–41).

2. Grund
Wenn sie selbst jahrelang ein Instrument erlernen und in Gruppen regelmäßig spielen, trainieren sie zudem ihr räumliches Vorstellungsvermögen (vgl. Z. 51–58).

3. Grund
Das führt außerdem dazu, dass sie selbstbewusster und sozial kompetenter werden (vgl. Z. 61–64).

4. Grund
Beim Musikmachen wachsen die Verbindungen zwischen den beiden Gehirnhälften besser. Das hat zur Folge, dass wir konzentrierter (vgl. Z. 42–45) und aufnahmefähiger (vgl. Z. 61/62) werden.

Teilaufgabe d
Beschreibung der problematischen Situation an vielen Schulen

Allerdings herrscht an vielen Schulen in Bezug auf den Musikunterricht derzeit eine problematische Situation. Aufgrund des Mangels an Musiklehrkräften wird der Musikunterricht oft fachfremd erteilt oder fällt ganz aus (vgl. Z. 16–20, 108–116). In Extremsituationen helfen sogar

Mütter aus und unterrichten das Fach, damit die Kinder zumindest ein paar Lieder lernen (vgl. Z. 21–23).
Das Fach Musik zählt häufig nicht zu den beliebten Fächern (vgl. Z. 9–12, 80–84, 127–131). Ein Grund dafür könnte sein, dass erbrachte Leistungen in diesem Fach nur schwer messbar sind. Viele glauben zudem irrtümlich, dass sie der Musikunterricht im Vergleich zu Fächern wie z. B. Mathematik in Bezug auf einen Schulabschluss nicht weiterbringt (vgl. Z. 84–88).

Vergleich mit einem Beispiel an eigener Schule

Beispiel A: ähnliche Situation

Auch bei uns an der Schule fallen immer wieder Musikstunden aus. In vielen Jahrgängen wechselt sich der Musikunterricht sogar mit dem Kunstunterricht ab, da es an der ganzen Schule nur zwei ausgebildete Musiklehrkräfte gibt. So hat das Fach Musik insgesamt nur eine geringe Bedeutung im Laufe unseres Schullebens.

Beispiel B: andere Situation

Zum Glück sieht die Situation an unserer Schule etwas anders aus. Den meisten Schülerinnen und Schülern macht der Musikunterricht großen Spaß und viele von uns würden gerne noch mehr musizieren können. In fast jedem Jahrgang wird das Fach Musik regelmäßig und von Fachlehrkräften unterrichtet, aber darüber hinaus gibt es leider keine zusätzlichen Musikangebote, wie zum Beispiel einen Schulchor oder eine Musik-AG.

Teilaufgabe e

Zielsetzung des Projekts

Bei meinen Recherchen bin ich auf das Projekt „Klasse mit Musik“ aufmerksam geworden. Ziel des Projektes ist die Förderung des instrumentalen Klassenmusizierens (z. B. in Bandklassen, Bläserklassen, Percussionklassen) und damit auch die Steigerung der Qualität des Musikunterrichts.

Beschreibung der nötigen Voraussetzungen

Damit das Projekt erfolgreich durchgeführt werden kann, müssen Schulen bestimmte Voraussetzungen erfüllen. Wichtig ist, dass mindestens zwei Lehrkräfte bereit sind, dieses Projekt umzusetzen und dafür auch an einer zweitägigen Fortbildung teilzunehmen. Zudem sollte die Schule das Ziel haben, ein solches Projekt langfristig durchzuführen, und offen für die Kooperation mit außerschulischen Partnern sein.

Teilaufgabe f
Begründung für Teilnahme am Projekt „KLASSE mit MUSIK“

All diese Voraussetzungen sind an unserer Schule erfüllt und auch der Wunsch von uns Schülerinnen und Schülern nach mehr instrumentalem Musikunterricht in der Klasse ist groß. Das Projekt „Klasse mit Musik“ würde den Stellenwert des Musikunterrichts an unserer Schule enorm vergrößern. Außerdem steigert ein solches langfristiges Projekt auch die Attraktivität der Schule und lockt vielleicht sogar weitere engagierte Musiklehrkräfte und neue Schülerinnen und Schüler an unsere Schule. Letztlich bringt die Möglichkeit, mehr gemeinsam Musik zu machen, für uns alle die zuvor beschriebenen Vorteile im sozialen Bereich sowie bei den individuellen Leistungen.

Appell für die Teilnahme

Daher sollten wir uns diese Chance nicht entgehen lassen und unbedingt an dem Projekt „Klasse mit Musik“ teilnehmen. Lasst uns bei der nächsten SV-Sitzung für eine Bewerbung unserer Schule stimmen!

Viele Grüße
(Name)

Abschlussprüfung Deutsch 2023

Um dir die **Lösungen zur Prüfung 2023** schnellstmöglich zur Verfügung stellen zu können, bringen wir sie in digitaler Form heraus.

Sobald die Original-Prüfungsaufgaben 2023 freigegeben sind, können die dazugehörigen Lösungen als PDF auf der Plattform **MyStark** heruntergeladen werden (Zugangscode vgl. Umschlaginnenseite).

Aktuelle Prüfung

www.stark-verlag.de/mystark

Notizen

Notizen

Notizen

PRÜFUNGS-
ANGST

STOPP DIE PANIK

Mit der Fußsohlen-Methode

Prüfungen können Angst- und Fluchtsituationen sein. Dein Körper schüttet Adrenalin aus und dämpft das Gefühl in den Füßen. Z. B. beim Weglaufen ist es gut, wenn man die Füße nicht spürt. Eine Prüfung ist aber **keine Gefahrensituation**. Signalisiere deinem Körper, dass du nicht weglaufen musst, und bring das Gefühl in deine Füße zurück:

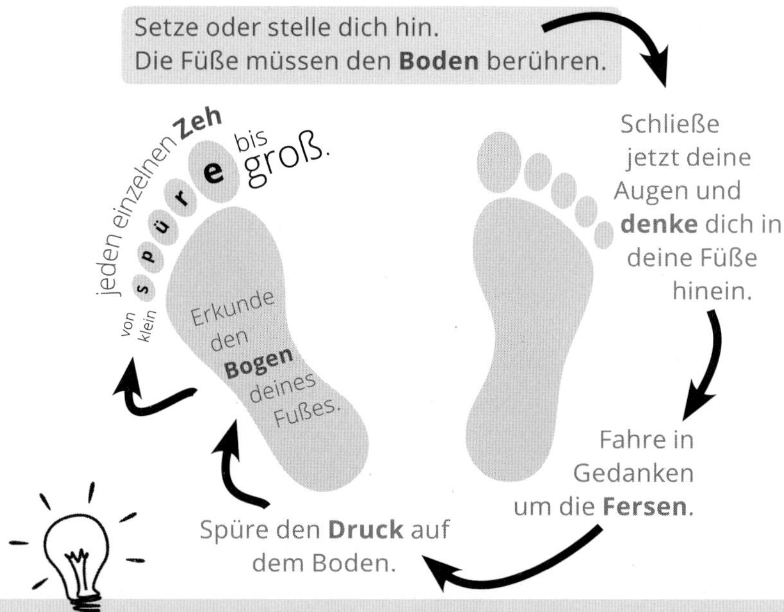

Dein Körper **fühlt** die Füße wieder und denkt, er sei in keiner Panik-Situation, sondern in **Sicherheit**.

www.stark-verlag.de **STARK**